Udo Grashoff

Gravitationsfeld Tabu

Sprechen über heikle politische Themen in der DDR

Titelbild: Das Cover wurde mithilfe von ChatGPT (OpenAI) erstellt. OpenAI. (2025). ChatGPT (Version GPT-4o-mini). https://openai.com/chatgpt.

Udo Grashoff ist Historiker und Schriftsteller. Er hat Biochemie, Germanistik, Geschichte und Literaturwissenschaft studiert. 2006 promovierte er zum Thema Selbsttötungen in der DDR. Von 2014 bis 2020 war er als DAAD-Hochschuldozent am University College London tätig. 2019 wurde er an der Universität Leipzig habilitiert. Er hat zahlreiche wissenschaftliche Publikationen vor allem zur Geschichte der DDR veröffentlicht, so zum Volksaufstand am 17. Juni 1953, zur Biermann- Ausbürgerung sowie zur Friedlichen Revolution 1989. Sein besonderes Interesse gilt Tabuthemen wie Selbsttötung oder illegales Wohnen. Grashoffs neuestes Buch schildert den brutalen Haftalltag im DDR-Jugendgefängnis »Jugendhaus Halle«. Udo Grashoff lehrt als außerplanmäßiger Professor an der Universität Leipzig und forscht im Rahmen eines DFG-Projektes am Hannah-Arendt-Institut für Totalitarismusforschung Dresden zum Umgang mit kommunistischen und sozialdemokratischen NS-Kollaborateuren im Nachkriegsdeutschland und in Österreich.

Landeszentrale für politische Bildung Thüringen
Regierungsstraße 73, 99084 Erfurt
www.lztthueringen.de
2025

ISBN: 978-3-910740-61-7

Inhalt

Tabuthemen in der DDR

Mit dem Abstand mehrerer Jahrzehnte wird es immer schwerer, die Atmosphäre der kontrollierten Öffentlichkeit in der DDR nachzuzeichnen. Filme, Romane, öffentliche Debatten haben sehr viele Facetten des Lebens in der DDR herausgearbeitet. Aber noch immer ist es eine Herausforderung, das Leben in einem System, das einerseits durch unglaubwürdige, groteske Propaganda, andererseits durch hinter vorgehaltener Hand geteilte Gerüchte und Halbwahrheiten charakterisiert war, authentisch zu beschreiben. Die Angst, die Unsicherheit hinsichtlich der Grenzen des Sagbaren, aber auch der bisweilen unerwartete Handlungsspielraum ist nur schwer in Begriffe zu fassen.

Ich verwende im Folgenden den Begriff des Tabus. Dieser vage Begriff ist in letzter Zeit etwas aus der Mode gekommen, aber seine relative Unschärfe ist für das Thema der politischen Sprachkontrolle in der DDR ein Vorteil. Der britische Entdecker James Cook (1728 – 1779), dessen Tagebuch den Begriff aus Polynesien nach Europa brachte, stellte bereits fest, dass es sich um ein Wort von sehr umfassender Bedeutung handelt.[1] Im Gegensatz zu gesetzlich kodifizierten Verboten sind Tabus nicht eindeutig formuliert. Sie müssen durch soziale Interaktion erkannt werden und ihre Verletzung löst oft heftige Reaktionen aus. Das erfuhr Cook am eigenen Leib, als er im Februar 1779 eine heute zu Hawaii gehörende Insel besuchte. Nachdem er sich über ein Tabu der Bewohner hinweggesetzt hatte, reagierten diese mit Tumulten und Diebstählen. Bei einer Auseinandersetzung am Strand wurde Cook erstochen.[2] Diese his-

1 Vgl. Franz Baermann Steiner: Taboo, London 1956, S. 143.

2 Vgl. William De Witt Alexander, A brief history of the Hawaiian people, New York u.a. 1891, S. 110–114.

torische Begebenheit unterstreicht, dass Tabus oft mit starken Emotionen verbunden sind. Meyers Enzyklopädisches Lexikon erklärt die Wortherkunft als eine Kombination von »ta« (was kennzeichnen oder markieren bedeutet) und »pu« (kräftig oder intensiv). Unter einem Tabu wäre damit also das kräftig Markierte zu verstehen.[3]

Ausgangspunkt dieses Essays ist die Beobachtung, dass die soziale Praxis, die mit diesen Tabus verbunden war, über das bloße Verschweigen hinausging. Selbst in dem streng reglementierten Regime der DDR wurden heikle Themen nicht vollständig gemieden, im Gegenteil. Nur konnte man aufgrund der kräftigen Markierung nicht normal darüber sprechen, die den Tabu-Themen eigene Brisanz wurde vielmehr eingehegt durch eine breite Palette von rhetorischen Umgehungsstrategien.

Jede Gesellschaft hat ihre spezifischen Tabus, die ganz unterschiedliche Funktionen haben können. Die politischen Tabus in der DDR dienten vor allem der Abschirmung der herrschenden kommunistischen Ideologie von unangenehmen Wahrheiten. Zwar diente nicht alles, was in der DDR-Öffentlichkeit tabu war, der Aufrechterhaltung einer ideologischen Illusion. Auch menschenverachtende Äußerungen, Rassismus oder faschistisches Gedankengut waren in der DDR tabu – diese Tabus haben bis heute Bestand, und das völlig zu Recht. Aber die Liste der Themen, die nur im Kontext der SED-Diktatur sinnvoll waren, ist lang. Dazu gehörten Umweltverschmutzung, Kriminalität, Alkoholismus, Selbsttötung, politische Häftlinge, die Zustände bei der Armee oder in den Gefängnissen. Tabu waren als unantastbar geltende Institutionen wie die SED-Führung oder die Staatssicherheit und geschichtliche Ereignisse wie der stalinistische Terror, die Vertreibung aus den ehemals deutschen Gebieten am Ende des Krieges, der Volksaufstand 1953 oder die Niederschlagung des Prager Frühlings. Nicht zu vergessen auch die Mauer, der

3 Vgl. Werner Betz, Tabu – Wörter und Wandel, in: Meyers Enzyklopädisches Lexikon (Bd. 23), Mannheim u. a. 1978, S. 141–144, hier 141.

Gedanke, sie per »Republikflucht« zu überwinden, Zweifel an der marxistischen Ideologie, das Kratzen am Heldenmythos des antifaschistischen Widerstandskampfes, Kritik an manipulierten Erfolgsstatistiken oder an der Freundschaft zur Sowjetunion – alles das thematisierte man, wenn man Ärger vermeiden wollte, besser nicht.

Aus der Vielfalt an Tabuthemen sollen im Folgenden vier exemplarisch etwas genauer betrachtet werden: Der Verrat von Kommunisten während des Widerstands gegen den Nationalsozialismus, die Vertreibung der deutschen Bevölkerung aus den Ostgebieten am Ende des Zweiten Weltkriegs, der Volksaufstand vom 17. Juni 1953 und das Tabu-Thema Selbsttötung.

Imago, frontalvision.com, 0145059484

DDR-Grenzpolizei im Einsatz, 1956.

Honeckers Tabubruch und die Folgen

Wenn es um Tabus in der DDR geht, fällt vielen zuerst Honeckers berühmte Tabu-Rede ein. Ihr Wortlaut, ihre Bedeutung und ihre Folgen sollen am Anfang dieser Abhandlung etwas genauer betrachtet werden.

Kurz nach seinem Amtsantritt als Parteichef verkündete Erich Honecker auf dem 4. Plenum des Zentralkomitees der SED im Dezember 1971 eine neue Kulturpolitik: »Solange man von der festen Position des Sozialismus ausgeht, kann es meiner Meinung nach keine Tabus im Bereich der Kunst und Literatur geben. Das gilt sowohl für inhaltliche als auch für stilistische Fragen, kurzum für die Fragen, die das ausmachen, was man künstlerische Meisterschaft nennt.«[4] Diese zwei Sätze hatten Signalfunktion, wie sich der Rockmusiker Peter »Cäsar« Gläser erinnert: »Als Honecker das Sagen kriegte und es so schien, als würden nun ein für alle Mal ›Tabus‹ fallen, da schlugen unsere Herzen höher. Wir glaubten: Jetzt beginnt eine neue Epoche und allmählich werden sich wohl die Dinge, die das Leben in dem Lande schwermachten, zum Guten wenden. Ich hatte den Eindruck, dass die meisten so empfanden. Signale der Lockerung gab es schließlich viele – ob das ungewohnte Statements von Staatsmännern waren oder der heute fast winzig erscheinende Fakt, dass man in den Läden plötzlich Jeans kaufen konnte. Für die Leute waren das damals Zeichen, die hoffen ließen.«[5]

Tatsächlich kam es in den frühen 1970er-Jahren in Kunst und Literatur der DDR zu einer spürbaren Ausweitung des

4 Erich Honecker, Die Rolle der Arbeiterklasse und ihrer Partei in der sozialistischen Gesellschaft, Berlin 1974, S. 198.

5 Peter Gläser (März 1991), zit. in: Michael Rauhut, Beat in der Grauzone. DDR-Rock 1964 bis 1972, Berlin 1993, S. 289.

Sagbaren. Manche Schriftsteller, wie etwa Ulrich Plenzdorf, holten Manuskripte aus der Schublade, deren Zeit nun gekommen schien. Andere, wie Volker Braun, wagten Neues. Während Braun und Plenzdorf damit kühn die Grenzen austesteten, nahmen wieder andere, wie der Romanautor Günter Görlich, Honecker beim Wort und produzierten staatskonforme Tabugeschichten.

Sie alle sprachen ein Thema an, das bisher in der DDR-Literatur tabu gewesen war, den Tod durch eigene Hand. Theoretisch sollte es Selbsttötung im Sozialismus, der allen Menschen eine sozial abgesicherte und glückliche Zukunft versprach, gar nicht mehr geben. Praktisch aber kam es wie eh und je zu Verzweiflungstaten, und nach Honeckers Tabu-Rede konnten Schriftsteller das auf vielfältige Weise thematisieren.

Ulrich Plenzdorf tat das mit frischer, antiautoritärer Sprache und viel Ironie. Bezugspunkt für sein Buch »Die neuen Leiden des jungen W.« war Goethes Romanheld Werther, der sich am Ende seiner Leiden, wie es bei Plenzdorf salopp hieß, »die Kugel gab«. Anders als Goethe ließ Plenzdorf offen, ob sich sein jugendlicher Held Edgar Wibeau tatsächlich das Leben genommen hatte; genauso konnte es sich auch um einen Unfall gehandelt haben. Großspurig verkündete der Held in einer Art Rückblende aus dem Jenseits: »Ich meine, ich hätte nie im Leben freiwillig den Löffel abgegeben.«[6] Zugleich lief unterhalb solcher markigen Sprüche stets der Zweifel am Weiterleben mit. Wibeau verleugnete seine Selbsttötungsabsicht, um sie dann doch immer wieder in Erwägung zu ziehen. »Die Ambivalenz und Perspektivenvielfalt des Textes« erwies sich letztlich als großer Vorzug, so der Literaturwissenschaftler Dieter Sevin: »Die intensive, breit gefächerte DDR-Diskussion um dieses Werk trug dazu bei, den Diskursfreiraum der DDR-Literatur zu erweitern.«[7]

6 Ulrich Plenzdorf, Die neuen Leiden des jungen W., Rostock 61977 [EA 1973], S. 110.

7 Dieter Sevin, Textstrategien in DDR-Prosawerken zwischen Bau und Durchbruch der Berliner Mauer, Heidelberg 1994, S. 109.

Bundesarchiv, Bild 183-M1115-021, Vera Stark

Aufbruchsstimmung beim VII. Schriftstellerkongress der DDR im November 1973. Hier der DDR-Chefideologe Kurt Hager mit den Schriftstellern Eduard Claudius (l.) und Ulrich Plenzdorf (r.).

Im Kontrast zum locker-ironischen Spiel mit dem Tabu bei Plenzdorf näherten sich Christa Wolf und Volker Braun dem Thema Suizid mit bitterem Ernst. Christa Wolf hatte bereits 1968 ihren Roman »Nachdenken über Christa T.« veröffentlicht. Hier erwähnte sie, dass die gleichnamige Heldin im »Frühsommer dreiundfünfzig« eine Selbsttötung erwogen und bereits einen Abschiedsbrief geschrieben hatte – das war neben dem Kratzen am Suizid-Tabu zugleich eine vorsichtige Bezugnahme auf ein anderes Tabu-Thema, den Volksaufstand vom 17. Juni 1953.

Bei Christa Wolf blieb das Erspüren gesellschaftlicher Leiden eher Andeutung als Deutung, sodass es den Lesern überlassen blieb, die Geschichte in die eine oder andere Richtung zu interpretieren, aber schon das erregte Anstoß. Wie Wolf in ihrem Tagebuch notierte, gingen der Veröffentlichung des Romans Auseinandersetzungen mit dem Zensor voraus: »Ihm fehlten in der Erzählung vor allem die ›positiven Züge‹ unserer Gesellschaft. Alle Nebenfiguren verstand er als ›angeknackst‹. Christa T. sei ›lebensuntüchtig‹. [...] Er schlug mir vor, eine ganz andere Geschichte zu schreiben«.[8] 1969 entstand dann die groteske Situation, dass erste Rezensionen erschienen, aber das Buch nicht verkauft werden durfte. Dann wurde zunächst nur eine begrenzte Zahl von Büchern ausgeliefert, und erst nach der Honecker-Rede kam der Roman, rückdatiert auf 1968, in größerer Auflagenhöhe in die Buchläden.[9]

Im Unterschied zu Christa Wolfs vorsichtiger Bezugnahme auf Tabuthemen beschrieb Volker Braun in seiner »Unvollendeten Geschichte« direkt den Suizidversuch eines jungen Mannes, übrigens nach einem authentischen Fall. Braun legte anhand des suizidalen Konfliktes eines jungen Paares die Erstarrung der DDR-Gesellschaft offen, in der alle Impulse verdächtig erschienen, »die nicht aus hierarchischem Denken und faktischen Machtpositionen« herrührten. Die »unvollendete Geschichte« verdeutlichte, dass menschliche Tragödien entstehen konnten, wenn »das verhängnisvolle Fehlverhalten des ebenso übereifrigen wie voreiligen Staatssicherheitsdienstes in fataler Gleichförmigkeit von allen anderen beteiligten gesellschaftlichen Organen bedingungslos und ungefragt reproduziert« wurde. Der Suizidversuch erschien als verzweifelter Ausbruchsversuch, bewirkte allerdings nicht wie erhofft eine kritische Überprüfung. Stattdessen wurde er »in schöner Eintracht unter den Tisch gekehrt und vertuscht«.[10]

Im Gegensatz zu Plenzdorfs Text, der eine ausgesprochen breite Rezeption erfuhr (auch in der Bundesrepublik, wo die »Neuen Leiden« in Theatern aufgeführt und verfilmt wurden),

8 Christa Wolf, Tagebuchauszüge zu »Nachdenken über Christa T.«, in: Angela Drescher, Dokumentation zu Christa Wolf »Nachdenken über Christa T.«, Hamburg/Zürich 1992, S. 193–213, zit. 195.

9 Vgl. Ernest Wichner/Herbert Wiesner [Hg.], Ausstellungsbuch. Zensur in der DDR, Berlin 1991, S. 88.

10 Hanno Beth, Die Ver(w)irrungen des Zöglings Karin, in: Heinz Ludwig Arnold, Text+Kritik 55, Volker Braun, München 1977, S. 49–56, zit. 56.

und der sogar im Zentralkomitee der SED diskutiert wurde, gab es auf Volker Brauns »Unvollendete Geschichte« keine offiziellen Reaktionen, weder positive noch negative. Die DDR-Literaturkritik schwieg zu dem Text, der 1975 nur versteckt in einer Ausgabe der Literaturzeitschrift »Sinn und Form« über armenische Literatur erschienen war.[11] In der Bundesrepublik löste die Geschichte ein großes, oft euphorisches Echo aus; der Literaturkritiker Rolf Michaelis bezeichnete den Text Anfang 1976 als »das erregendste und ernsteste Stück Prosa, das in den letzten Jahren in der DDR erschienen ist«.[12] Für die SED-Führung war das Beifall aus der falschen Ecke. Der Text durfte lange nicht in Buchform gedruckt werden.[13] Erst 1988 wurde die »Unvollendete Geschichte« verlegt und nun auch rezensiert. Der Umstand, dass der Text 1975 nur an entlegener Stelle veröffentlicht worden war, hieß jedoch nicht, dass er nicht gelesen wurde. Die »Unvollendete Geschichte«, von der alternativen Jugendszene als »erschütternd realistisch« empfunden,[14] kursierte als Geheimtipp »unter der Hand«; an der Humboldt-Universität wurden sogar »illegale Seminare« dazu abgehalten.[15]

In die »Tauwetter«-Phase der 1970er-Jahre fiel auch die Veröffentlichung von Heiner Müllers Stück »Die Umsiedlerin« sowie dessen Aufführung an der Volksbühne in der DDR-Hauptstadt. Entstanden war die satirische Komödie bereits in den späten 1950er-Jahren, unter Mitwirkung von Müllers inzwischen durch eigene Hand verstorbenen Frau Inge. Bei einer Probeaufführung durch ein studentisches Ensemble im Herbst 1961 hatte die Komödie allerdings einen Skandal ausgelöst und wurde umgehend verboten. Autor Heiner Müller und Regisseur Bernhard Klaus Tragelehn wurden gemaßregelt.

11 Vgl. Sinn und Form 24 (1975) 5, S. 941–980.
12 Rolf Michaelis, Zwei Welten in einem Land, in: Die Zeit 31 (1976) 4, S. 33f.
13 Vgl. Wichner/ Wiesner, Zensur in der DDR, S. 166.
14 Michael Meinicke, Ostkreuz, Freiberg 2000, S. 240.
15 Antonia Grunenberg, Aufbruch der inneren Mauer. Politik und Kultur in der DDR 1971–1990, Bremen 1990, S. 165.

Bundesarchiv, Bild 183-P0929-0019, Vera Stark

Verleihung des Lessing-Preises an den Dramatiker Heiner Müller im Jahr 1975. Wenig später könnte sein 1961 verbotenes Stück »Die Umsiedlerin« unter geändertem Titel uraufgeführt werden.

Das Stück hatte die Eingliederung der Flüchtlinge in die DDR-Gesellschaft und den Prozess der Kollektivierung thematisiert, wobei auch die im Zuge von Enteignung und Zwangskollektivierung auftretenden suizidalen Verzweiflungstaten eine Rolle spielten. Besonderen Anstoß hatte bei Funktionären von SED, FDJ und im Kulturministerium die finale Szene erregt, in der vier Agitatoren versuchten, den letzten Mittelbauern im Dorf zum Eintritt in die Landwirtschaftliche Produktionsgenossenschaft (LPG) zu überreden. Der Bauer ging daraufhin ins Haus und erhängte sich. Er wurde gerettet und fragte benommen, wo er sich befinde, im Himmel oder in der Hölle, und bekam als Antwort: »Vorläufig in der LPG«.[16]

16 Vgl. Matthias Braun, Drama um eine Komödie, Das Ensemble von SED und Staatssicherheit, FDJ und Ministerium für Kultur gegen Heiner Müllers »Die Umsiedlerin« oder Das Leben auf dem Lande im Oktober 1961, Berlin 1996, S. 95.

Heiner Müller sagte zu seiner Verteidigung, er fände das lustig, aber viele SED-Funktionäre verstanden keinen Spaß und sahen darin eine konterrevolutionäre Kritik an der DDR, zumal in dem Stück auch noch weitere Tabus berührt wurden. Ein Inoffizieller Mitarbeiter des MfS bemerkte dazu: »Meiner persönlichen Meinung nach ist das ein Stück, in dem probiert wird, wie weit kannst du gehen [...] es ist eine einzige ideologische Diversion.«[17]

Es ist ein deutliches Zeichen der Aufweitung der Grenzen des Sagbaren unter Honecker, dass das Drama dann im Mai 1976 fast unverändert auf die Bühne kam, wenn auch unter einem anderen Titel, es hieß jetzt neutral »Die Bauern«.[18] Das Beispiel verdeutlicht den schwankenden Grund, auf dem sich alle wiederfanden, die mit politischen Tabus zu tun hatten: Es gehörte zu den typischen Erfahrungen in der DDR, dass etwas verboten, aber zu einem späteren Zeitpunkt wieder erlaubt wurde.

17 Ebd., S. 105.
18 Vgl. ebd., S. 81.

Imago 0050084155 Werner Schulze

Das von Lew Kerbel geschaffene Karl-Marx-Denkmal wird in Karl-Marx-Stadt (Chemnitz) mit politischer Prominenz eingeweiht, 1971.

Eine Anzeige in der Zeitung

Nach Honeckers Rede wurde das »Selbstmord«-Thema schrittweise und unwiderruflich in der DDR-Literatur etabliert. Bis tief in die Reihen der staatskonformen, apologetischen Schriftsteller hinein war Honeckers Rede als Aufbruchsignal verstanden worden. Zugleich verschwand das Tabu damit nicht. War es zu Walter Ulbrichts Zeiten nahezu unmöglich gewesen, in Film und Literatur überhaupt etwas zu in der DDR begangenen suizidalen Verzweiflungstaten zu sagen, so waren nun suizidale Handlungen an sich darstellbar – politische Motive für Selbsttötungen blieben indes tabu. Selbst Volker Brauns außergewöhnlicher Tabubruch änderte daran nichts, denn der Text hatte keine öffentliche Resonanz in der DDR. Selbsttötung blieb zudem ein Thema, für dessen Versprachlichung eine bestimmte Form von Tabusprache geboten war.

Ein anschaulicher Beleg dafür ist der 1978 veröffentlichte Roman »Eine Anzeige in der Zeitung« von Günter Görlich, zu dieser Zeit Kandidat des Zentralkomitees der SED. Görlichs Buch bekräftigte durch die Art und Weise, wie es das Thema anging, das politisch motivierte Suizid-Tabu. Die zentrale Frage des Romans ist die nach den Gründen für die Selbsttötung eines Lehrers. Angeregt wurde Görlich durch den Brief einer Schülerin, die berichtet hatte, »ihr Staatsbürgerkundelehrer sei gestorben, er habe sich das Leben genommen, was aber vor den Schülern verheimlicht wurde«.[19]

Bevor das Buch erschien, wurde der Roman bereits als Fortsetzungsgeschichte in der »Neuen Berliner Illustrierten« abgedruckt. Zahlreiche Leserzuschriften zeugten von einem

19 Dorothea Körner, Der Leser als Partner, in: Der Morgen vom 6./7. Mai 1978, S. 4.

großen Interesse am Thema; eine Leserin aus Leipzig äußerte sich »begeistert, dass man eine solch ›heiße‹ Thematik aufgegriffen und literarisch gestaltet hat«.[20] Zur Buchpremiere am 27. April 1978 in Berlin kamen 700 Besucher. Das Buch wurde vielfach öffentlich diskutiert und von Volksbildungsministerin Margot Honecker zum Vorbereitungsmaterial des VIII. Pädagogischen Kongresses 1978 erklärt.[21] Vor allem unter Pädagogen löste der Roman ein starkes Echo aus; davon zeugte die fast ein halbes Jahr währende Leserbrief-Debatte in der »Deutschen Lehrerzeitung«. Auch Mitglieder der SED-Führung, neben Margot Honecker auch Kulturminister Hans-Joachim Hoffmann, waren von dem Buch geradezu begeistert.

Vermutlich vor allem deshalb, weil es Görlich gelungen war, die sozialkritische Brisanz des Themas zu neutralisieren. Am Ende stellte sich heraus, dass es nicht soziale Probleme waren, die den Lehrer dazu gebracht hatten, sich das Leben zu nehmen, sondern eine fortgeschrittene, unheilbare Krebserkrankung. Das Buch stellte den Tod durch eigene Hand als private Tragödie dar. Günter Görlich setzte damit in die Tat um, was Honecker im Jahr 1971 vorschwebte, als er davon sprach, dass es keine Tabus gäbe, »wenn man von der festen Position des Sozialismus ausgeht«.

Scharfsinnig bemängelte ein Rezensent in den »Weimarer Beiträgen«, dass das Buch »auf eine tragische Konstellation hin angelegt ist, sie in der Handlungsführung aber nicht konsequent durchführt«.[22] Auch eine Leserin kritisierte die »Verlagerung der Gründe für den Selbstmord in medizinische Bereiche« als Ausweichen in Regionen, »die sich unserer Urteilsfähigkeit entziehen«.[23] Görlich war offenbar politische Korrektheit wichtiger als die literarische Eigendynamik

---

20 Neue Berliner Illustrierte 34 (1978) 18, S. 38.

21 Deutsche Lehrerzeitung 25 (1978) 7, S. 3.

22 Horst Haase, Günter Görlich: Eine Anzeige in der Zeitung, in: Weimarer Beiträge 26 (1980) 1, S. 143–148, zit. 148. Vgl. auch Klaus Jarmatz, Der Tod eines Lehrers, in: Wochenpost 25 (1978) 17, S. 14.

23 Deutsche Lehrerzeitung 25 (1978) 29, S. 7.

seines Textes. Zwar entwickelte er über die Figur des Direktors Strebelow eine kritische Sicht auf jene Kräfte in der SED, die Selbsttötungen moralisch verachteten und zu vertuschen suchten, und stellte ihm den fragenden, suchenden Lehrer Kähne entgegen, den eigentlichen Helden des Buches, der sich um Verständnis für die Verzweiflungstat bemühte. Aber selbst damit blieb Görlich diszipliniert innerhalb der Vorgaben der SED. Görlichs Roman war das Ansprechen eines Tabuthemas und zugleich eine Grenzziehung, die signalisierte: Bis hierhin und nicht weiter.

IMAGO, United Archives, 0822486678

Der Liedermacher Wolf Biermann, der Schriftsteller Heinrich Böll und der Journalist Günter Wallraff auf einer Pressekonferenz in Köln am 19. November 1976, drei Tage nach Wolf Biermanns Ausbürgerung.

Keine Tabus?

Die so genannten »goldenen Jahre« der DDR, die mehr Vielfalt und Kreativität und öffentliche Diskussion brachten, dauerten nur etwa fünf Jahre. Spätestens im Herbst 1976 kam der Rückschlag. Der Lyriker Reiner Kunze wurde, nachdem er seinen mehrere Tabus berührenden Gedichtband »Die wunderbaren Jahre« in der Bundesrepublik veröffentlicht hat, aus dem Schriftstellerverband ausgeschlossen. Dann wurde Wolf Biermann, der mit seinen respektlosen Liedern den Zorn der SED-Führung auf sich gezogen hatte, aus der DDR ausgebürgert. In der Folgezeit stießen immer mehr Künstler an die Grenzen der Toleranz, wurden zensiert, unterdrückt und eingeschüchtert. Zu denen, die desillusioniert das Land verließen, gehörten Schriftsteller wie Sarah Kirsch, Günter Kunert oder Thomas Brasch, dessen Erzählband »Vor den Vätern sterben die Söhne« in der DDR nicht erscheinen durfte.

Auch der Schriftsteller Joachim Seyppel, der erst 1973 in die DDR übergesiedelt war, geriet in Konflikte mit der SED und verließ die DDR wieder. Er war, wie er selbst sagte, »in die DDR gekommen, weil es ja nach den Worten des Generalsekretärs keine Tabus für Kunst und Literatur mehr« gab. Jetzt, konstatierte Seyppel im Jahr 1979, gebe es »immer mehr Tabus«, man begebe »sich immer weiter in gefährliches Wasser«.[24] Seyppel schrieb ein Drama, in dem er die Selbsttötung des russischen Dichters Wladimir Majakowski (1893–1930) problematisierte und andeutete, dass »der Dichter Opfer stalinistischen Psychoterrors« geworden war.[25] Am Ende des Stücks ließ Seyppel einen Funktionär die Debatte um den Tod Majakowskis mit der kategorischen Behauptung beenden, der Dichter habe sich überhaupt

24 »Nur die Wahrheit muss man fürchten«. Interview Joachim Seyppel, in: Der Spiegel, 5.8.1979.
25 Claudia Lembach, Selbstmord Freitod Suizid, Diskurse über das Unsägliche, München 1998, S. 116.

Bundesarchiv, Bild 183-K0313-0024-001, Vera Stark

Hermann Kant auf einer Veranstaltung des Deutschen Schriftstellerverbands zum 25. Jahrestag der SED in Berlin, 13. März 1971.

nicht das Leben genommen. Das war ein sarkastischer Verweis darauf, dass sich Tabuisierung bisweilen auch in makabren Tatsachenverdrehungen äußerte.

Spätestens jetzt wurde klar, was Honecker wirklich gemeint hatte in seiner Rede. Wenn man den Wortlaut genau analysiert, fällt auf, dass der Parteichef keinen kompletten Verzicht auf Tabuisierung in Aussicht gestellt hatte. Er hatte gesagt, dass jede Infragestellung der ideologischen Grundlagen des Sozialismus tabu bleiben sollte. Günter Kunert brachte das folgendermaßen auf den Punkt: »Das einzige, interpretierbare, aber alles überschattende Tabu war der Sozialismus selber, an dem nicht gerüttelt werden durfte und an dem auch nicht gerüttelt wurde. Ihn in Frage zu stellen, hieß ja, sich selbst das soziale Todesurteil zu schreiben.«[26] Honecker zufolge sollte nur jene »künstlerische Meisterschaft«, die dieses Verbot respektierte, gestattet werden.

26 Günter Kunert, Schreiben in einem Deutschland, in: ders., Der Sturz vom Sockel, München/Wien 1992, S. 39–52, zit. 48.

Diffuse Konturen

Aber woher wussten Schriftsteller, Filmemacher oder Geisteswissenschaftler, was erlaubt war und was nicht? Wer legte fest, ob ein Kunstwerk die Grenzen des Sagbaren überschritt und am sicheren Fundament des Sozialismus kratzte? Dem »Wörterbuch der Literaturwissenschaft« zufolge blieben »prinzipiell Publikationen ausgeschlossen, die den Frieden, die Völkerverständigung, die Menschenwürde und den sozialen Fortschritt gefährden«.[27] Aber mit solchen schwammigen Vorgaben war den Künstlern wenig gedient. Aufgrund welcher Kriterien konnte man wissen, ob ein Buch oder ein Film den sozialen Fortschritt gefährdete oder die Menschenwürde in Frage stellte?

Während es in anderen kommunistischen Diktaturen wie der Sowjetunion oder Polen konkrete Richtlinien gab, in denen verbotene Themen aufgelistet wurden, gab es in der DDR kein explizites »Schwarzbuch« zur Zensur von Literatur, Theater oder Film. Lediglich die Journalisten der DDR-Parteipresse erhielten von der Abteilung Agitation und Propaganda des Zentralkomitees der SED regelmäßig lange, detaillierte Listen mit Tabuthemen. Dagegen war es für Schriftsteller, Wissenschaftler und Filmemacher komplizierter. Sie mussten die Grenzen des Sagbaren (respektive des Nicht-Sagbaren) erahnen bzw. austesten.

Bisweilen kamen direkte Signale von SED-Funktionären. So veröffentlichte ein führender Gesundheitsexperte der DDR, der Rektor der Akademie für Ärztliche Fortbildung und langjährige Professor für Sozialhygiene an der Berliner Humboldt-Universität, Kurt Winter, im Jahr 1976 einen Aufsatz über

27 Claus Träger (Hg.), Wörterbuch der Literaturwissenschaft, Leipzig 1986, S. 582.

Psychotherapie im Sozialismus, in dem er auch auf das Tabuthema Suizid einging. Gleich eingangs deklarierte er das als »Wagnis«.[28] Das war in einer Gesellschaft, die es gewohnt war, zwischen den Zeilen zu lesen, ein deutlicher Hinweis. Der Kommunist Winter, der 1937 im Spanienkrieg als Arzt bei den Internationalen Brigaden tätig gewesen war, konnte sich dem Tabu von einer privilegierten Position her nähern. Zugleich stellte er sicher, dass der Kern unangetastet blieb, indem er jeglichen Hinweis auf politische Zusammenhänge vermied.

Solche seltenen Ereignisse hatten Signalfunktion und machten weithin sichtbar, dass es sich um ein heikles Thema handelte, das man im Zweifelsfall besser nicht ansprach. Angst und Vermeidung wirkten sozial ansteckend. Allein schon die Beobachtung, dass die offizielle Sprache bestimmte weithin bekannte Ereignisse in auffällig verzerrter und einseitiger Weise beschrieb, signalisierte den Zeitgenossen, dass es sich hier um ein angstbesetztes Tabuthema handelte. Die Menschen spürten das Verbot, wenn etwas nur indirekt erwähnt oder angedeutet wurde. Christa Wolf schrieb dazu 1986: »Immer, wenn mich ein besonders starker, besonders hartnäckiger Widerstand daran hindert, zu einem bestimmten Thema ›etwas zu Papier zu bringen‹ – immer dann ist Angst am Werke, meist die Angst vor zu weitgehenden Einsichten oder/und die Angst vor einer Verletzung von Tabus.«[29] Künstler übten Selbstzensur. «Irgendwann einmal unbekümmert geschrieben zu haben, also ohne Schere im Kopf, ist mir nicht erinnerlich», bekannte der Schriftsteller Rolf Floss rückblickend.[30] Nur wenige wagten es, bewusst gegen Verbote zu verstoßen.

Ähnlich erging es aber auch den Zensoren. Offiziell existierten diese in der DDR überhaupt nicht. Durch die Verfassung der DDR wurde nicht nur die Rede- und Meinungsfreiheit

28 Kurt Winter, Psychotherapie aus soziologischer Sicht, in: Kurt Höck/Karl Seidel (Hg.), Psychotherapie und Gesellschaft, Berlin 1976, S, 44–55, zit. 44.

29 Christa Wolf, Die Dimension des Autors II, Berlin/Weimar 1986, S. 271.

30 Rolf Floss, Brief vom 20. Februar 1993, in: Richard Zipser (Hg.), Fragebogen: Zensur. Zur Literatur vor und nach dem Ende der DDR, Leipzig 1995, S. 133–136, zit. 135.

garantiert, bis 1968 wurde dort sogar in Artikel 9 ausdrücklich festgelegt: «Eine Pressezensur findet nicht statt.»[31] Trotzdem gab es sowohl vor als auch nach 1968 eine umfassende Zensur von Büchern, Filmen, Musik und Theater, deren Praktiken sich jedoch hinter allerlei Tarnbegriffen versteckten. Dazu gehörten so neutral und bürokratisch klingende Bezeichnungen wie »Druckgenehmigungsverfahren«, »Spielplangestaltung«, »Planung« und »Lenkung«. An den Türen, hinter denen sich SED-Bürokraten mit der Zensur befassten, standen unverdächtige Namen wie »Hauptverwaltung Verlage und Buchhandel«, »Büro für Urheberrechte« oder »Staatliches Komitee für Rundfunk«.

Insgesamt griff die Zensur an vier unterschiedlichen Stellen des künstlerischen Schaffensprozesses ein. Es begann mit der Schere im Kopf: Viele Autoren überlegten sich vorher gründlich, wie weit sie gehen wollten, und zensierten sich selbst, bevor sie ihre Manuskripte bei einem Verlag einreichten. Die dort beschäftigten Lektoren hatten die Aufgabe, im Zuge einer »Vorzensur« möglicherweise anstößige Stellen zu bereinigen. Das geschah im Einvernehmen mit den Autorinnen und Autoren. Was die staatlichen Zensoren im Kulturministerium zu sehen bekamen, war also in den meisten Fällen schon eine bereinigte Kompromisslösung. So erklärt es sich auch, dass von den jährlich eingereichten 200 bis 250 Manuskripten nur ein halbes Dutzend abgelehnt wurden. In der »Hauptverwaltung Verlage und Buchhandel« des Kulturministeriums wurde nicht nur die Genehmigung zur Veröffentlichung erteilt (oder auch nicht), hier wurde zugleich auch die Auflage festgelegt. Auch darüber konnte die Wirkung eines Buches begrenzt werden. Eine vierte Instanz war schließlich die SED-Führung, die insbesondere bei strittigen Projekten in den Zensurprozess eingriff.[32]

Allein schon diese Aufzählung von Instanzen der Literaturzensur verdeutlicht, dass es sich um einen mehrstufigen

31 Verfassung der Deutschen Demokratischen Republik vom 7. Oktober 1949 (https://www.verfassungen.de/ddr/verf49.htm; letzter Zugriff: 28.5.2025).

32 Vgl. Zipser (Hg.), Fragebogen, S. 16–18.

Aushandlungsprozess handelte. Der Handlungsspielraum ergab sich auch aus der Unschärfe der tabuisierten Zonen. Nicht nur die Künstler, auch die mit der Zensur befassten Planer oder Lektoren mussten erahnen, bei welchen Ideen und Formulierungen es Ärger geben könnte. Eine für die Druckgenehmigungen zuständige Mitarbeiterin aus dem DDR-Kulturministerium, Christine Horn, listete einige dieser Themen auf. Dazu gehörten so verschiedene Bereiche wie Republikflucht, Mauer oder Ausreise, Umweltverschmutzung und Stalinismus sowie »Darstellungen zur Geschichte der Arbeiterbewegung, zur Zeit des Faschismus [...], wenn sie den Standpunkt der Geschichtswissenschaft bzw. der Parteieinschätzungen überschritten«.[33] Diese Umschreibung unterstreicht, wie diffus die Konturen politischer Tabus in der DDR waren. Hatten die mit Zensur befassten Bürokraten etwas gefunden, das sie als nicht akzeptabel ansahen, versuchten sie die Künstler dazu zu bewegen, Änderungen vorzunehmen. Die Zensoren waren somit Vorposten der kommunistischen Kontrollgesellschaft. Um die Stabilität des Regimes zu wahren, war die SED-Führung darauf bedacht, Tabuverletzungen bereits im Vorfeld zu verhindern.

In den Aushandlungsprozessen spielte aber auch eine Rolle, welchen Status die betreffenden Künstler hatten und wie stark ihre Beziehungen zu führenden Funktionären waren. So ist es zu erklären, dass sich etablierte Schriftsteller erfolgreich weigern konnten, die von den Zensoren geforderten Änderungen vorzunehmen. Das geschah zum Beispiel beim Genehmigungsverfahren zum 1971 publizierten Roman »Das Impressum« von Hermann Kant, der zu dieser Zeit Mitglied der SED-Bezirksleitung Berlin und stellvertretender Vorsitzender des DDR-Schriftstellerverbandes war.[34]

33 Christine Horn, Staatliche Literaturaufsicht, Themenplan und Druckgenehmigungsverfahren, in: Siegfried Lokatis/Theresia Rost/Grit Steuer (Hg.), Vom Autor zur Zensurakte. Abenteuer im Leseland DDR, Halle 2014, S. 17–32, zit. 29.

34 Vgl. Richard Millington, The Limits of Control: The ›Public Discourse‹ about the Uprising of 17 June 1953 in Novels and Films in the German Democratic Republic, in: German History 31 (2013) 1, S. 42–60 S. 55.

Letztlich aber waren die Zensoren bei ihrem Versuch, zwischen literarischem Anspruch und ideologischen Vorgaben zu vermitteln, im Großen und Ganzen erfolgreich. Weil Angst und Vermeidung vorherrschten und weder die Autoren noch die Zensoren ihre vergleichsweise privilegierte Stellung verlieren wollten, blieben Skandale in der DDR die Ausnahme.[35] Vielmehr arbeiteten (fast) alle an ihrer eigenen Unfreiheit mit.

35 Vgl. Matthias Aumüller, Skandalisierung und Autorschaft in der DDR, in: Andrea Bartl/Martin Kraus (Hg.), Skandalautoren. Zu repräsentativen Mustern literarischer Provokation und Aufsehen erregender Autorinszenierung, Würzburg 2014, S. 9–27.

Bundesarchiv, Bild 183-N0307-0040 Hartmut Reiche

Dicht umlagert war am 7. März 1974 im Berliner »Internationalen Buch« der Buchstand, wo Stefan Heym Autogramme für seinen Roman »Lassalle« gab. Im gleichen Jahr erschien sein in der DDR verbotener Roman »5 Tage im Juni«, in dem er das Tabuthema des 17. Juni 1953 aufgriff, in der Bundesrepublik.

Kern und Peripherie

Im Zensurprozess wurden die Konturen von politischen Tabus umrissen, wie sich Christine Horn erinnert: »Zwar gab es keine formulierten Richtlinien, aber wir wussten aus langjährigen Erfahrungen, dass die unausgesprochenen Wahrheiten, die in der Literatur ihren Ausdruck fanden, zu Angriffspunkten wurden.«[36] Walter Cikan, Leiter der Abteilung Jugendmusik beim Rundfunk der DDR, der in den 1980er-Jahren für die Zensur von Texten ostdeutscher Rock- und Popbands zuständig war, beschrieb seine Erfahrung ganz ähnlich: »Es gab zwar keinen Katalog von Themen, die tabu waren, aber wir meinten alle zu wissen, woran besser nicht gerührt wurde, und haben dann eben entsprechend entschieden.«[37]

Das Tabu hat einen Kern des absoluten Verschweigens, aber es ist mehr als das. Das im semantischen Umfeld dieses Kerns zu beobachtende vorsichtige, verzerrte, eingeschränkte und kontrollierte Sprechen über heikle Themen, das Sprechen mit leiser Stimme oder hinter vorgehaltener Hand gehört ebenfalls zum Tabu. Verschweigen und Tabusprache bilden eine Einheit. Das Tabu hat eine massive soziale Tiefenwirkung, ganz ähnlich wie kosmische schwarze Löcher. Man kann das Tabu in Analogie dazu als ein Kraftfeld mit gewaltiger Gravitationskraft beschreiben, das den öffentlichen Diskurs durchzieht und die Sprache (hinsichtlich des tabuisierten Themas) beeinträchtigt.

Das kosmische Phänomen zeichnet sich zum einen dadurch aus, dass es alles, was in seine Nähe kommt, »verschluckt«. In seinem Kern ist absolute Dunkelheit, übertragen auf die

36 Horn, Staatliche Literaturaufsicht, S. 29.
37 Walter Cikan, Interview in: Peter Wicke/Lothar Müller (Hg.), Rockmusik und Politik – Analysen, Interviews und Dokumente, Berlin 1996, S. 81–88, zit. 82.

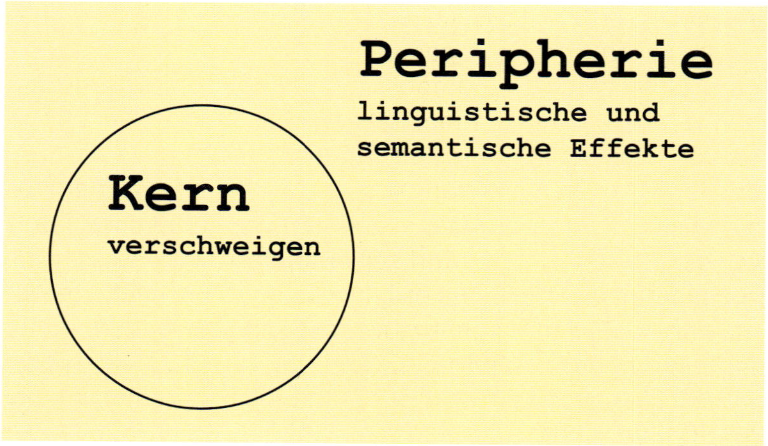

Modell der Tabukommunikation mit Kern und Peripherie.

Tabu-Kommunikation hieße das: absolutes Schweigen. Zum anderen aber bilden sich unmittelbar um die schwarze Kernzone helle Wirbel und Lichthöfe. Der dunkle Kern, das eigentliche schwarze Loch, sorgt mit seiner gewaltigen Gravitationskraft dafür, dass Materie in seiner Umgebung abgelenkt und in eine Umlaufbahn gezwungen wird. Nimmt man das ebenfalls als Metapher, dann entspricht die Vielzahl an in einer besonderen Tabusprache abgehaltenen Äußerungen dem bunten Wirbel in der Peripherie von schwarzen Löchern, die in Fotografien dieser kosmischen Erscheinungen, die es seit einigen Jahren gibt, zu sehen sind.

Die Beschreibung eines Tabus als Phänomen, das aus Schweigen und Reden zugleich besteht, entspricht auch eher der ursprünglichen Bedeutung des Begriffes Tabu. Das aus Polynesien stammende Wort füllte in der westlichen Welt eine Bedeutungslücke und wurde von Literaturwissenschaft, Soziologie, Theologie oder Psychowissenschaft unterschiedlich interpretiert. Der Sprachwissenschaftler Hartmut Schröder hat dazu bemerkt: »Als Quintessenz der Tabubegriffe in den verschiedenen Disziplinen lässt sich festhalten, dass echte gesellschaftliche Tabus meistens etwas betreffen, was nicht getan, gesagt, gedacht, gefühlt, auch nicht gewusst und berührt werden darf – dennoch aber machbar, sagbar, denkbar, fühlbar und erkennbar sowie berührbar ist; ansonsten brauchte es ja nicht durch ein Tabu geschützt zu werden. Tabus können so als Meidungsgebote verstanden werden: Bestimmte Dinge, Beseeltes, Institutionen, Themen und Sachverhalte sollen nicht berührt bzw. Handlungen an ihnen nicht vollzogen werden, wobei auch die symbolische Berührung untersagt ist, wie z. B. im Nenn- oder Abbildverbot.«[38]

Wichtig ist hier vor allem, dass sprachliche Tabus etwas sind, das nicht gesagt werden darf aber trotzdem gesagt werden könnte. Angesichts der Tiefenwirkung des kommunikativen Tabus, das Verschweigen ebenso umfasst wie Tabusprache, spricht Schröder von einem »Tabukomplex« und betont: Sprachtabus »bestehen einerseits aus dem Unaussprechbaren und dem Undenkbaren, eben all dem, was tabuisiert wird, sowie andererseits gerade aus der Thematisierung mit Hilfe sprachlicher Umgehungsstrategien. Die Sprache liefert uns die Mittel, dass etwas zugleich tabuisiert und thematisiert werden kann«.[39] Der Sprachwissenschaftler unterscheidet drei Arten von Tabuisierung: Erstens sind das »Nicht-Themen«, also Themen, die nicht angesprochen werden dürfen. Zweitens gibt es »zu vermeidende sprachliche Ausdrücke«, also Wörter, die nicht verwendet werden dürfen. Und drittens gibt es »etikettierte Themen«, also Themen, die nur auf eine bestimmte Weise kommuniziert werden können.[40] Nicht-Themen, Tabu-Wörter und etikettierte Themen sind Teil des Tabukomplexes, den ich mit meinem räumlichen Modell zu veranschaulichen versucht habe. Die ersten beiden Aspekte entsprechen dem

38 Hartmut Schröder, Phänomenologie und interkulturelle Aspekte des Tabus, in: Tzveta Sofronieva (Hg.), Verbotene Worte. Eine Anthologie, München 2005, S. 287–315, zit. 292.

39 Ebd., S. 299.

40 Hartmut Schröder, Zur Kulturspezifik von Tabus. Tabus und Euphemismen in interkulturellen Kontaktsituationen, in: Claudia Benthien/Ortrud Gutjahr (Hg.), TABU. Interkulturalität und Gender, München 2008, S. 51–70, zit. 58.

Kern des Tabus in meinem Modell, die »etikettierten Themen« entsprechen den sprachlichen Strategien in der Peripherie.

Die Metapher des Schwarzen Loches betont den ursächlichen Zusammenhang zwischen Verschweigen und Tabusprache. Sie macht deutlich, dass bestimmte Tatsachen durch Tabuisierung optisch aus dem gesellschaftlichen Bewusstsein verschwinden und zugleich nicht weg sind, sondern eine starke »Gravitationskraft« auf das Sprechen über Tabuthemen ausüben.

Die komplexe soziale Erscheinung von Sprachtabus ist in der Sprachwissenschaft seit Jahrzehnten ein Thema, in der Geschichtswissenschaft hingegen nicht. Unter Historikern ist die Vorstellung immer noch weit verbreitet, dass ein Tabu lediglich absolutes Verschweigen, explizite Unterdrückung oder klares Verbot bedeutet. Mit diesem reduzierten Tabubegriff kann aber die Alltagserfahrung in Diktaturen nur unzureichend erfasst werden.

Ein Resultat der nicht ganz passenden Begriffsverwendung ist das Auseinanderklaffen der Ansichten darüber, ob ein Thema in der öffentlichen Sphäre der DDR tabu war oder nicht. So werden seit Jahren sehr gegensätzliche Ansichten zum Thema der Vertreibung geäußert. Zum einen zeigten sich Historiker wie Heike Amos, Andreas Kossert oder Michael Schwartz, aber auch Germanisten wie Louis Ferdinand Helbig von der Existenz eines Vertreibungs-Tabus überzeugt. Zum anderen gab es eine Reihe von Skeptikern. So sprach der britische Historiker Bill Niven angesichts der zahlreichen Filme, die in der DDR zur Zwangsmigration am Ende des Zweiten Weltkrieges entstanden sind, von einem »angeblichen Tabu«.[41] Die Filmhistorikerin Aline Laura Tiews ging sogar noch einen Schritt weiter und schrieb: »Zu keinem Zeitpunkt in der Geschichte unterlag die Auseinandersetzung mit Flucht und Vertreibung der Deutschen einem Tabu, weder in

41 Vgl. Bill Niven, On a supposed taboo: Flight and refugees from the east in GDR film and television, in: German Life and Letters 65 (2012) 2, S. 216–236.

der Bundesrepublik noch in der DDR, auch wenn dies in Medien oft behauptet wurde.«[42]

Auch hinsichtlich des Suizid-Tabus waren die Ansichten geteilt. Die Psychiater Werner Felber und Ehrig Lange schilderten aus eigenem Erleben ein »diktiertes Tabu«.[43] Demgegenüber zweifelten die Medizinhistoriker Susanne Hahn und Tilo Nimetschek daran und sprachen von einem »durchbrochenen Tabu«.[44]

Schaut man sich die Argumente der sich scheinbar widersprechenden Positionen genauer an, so zeigt sich indes, dass Befürworter wie Skeptiker ganz ähnliche Phänomene beschreiben. Wenn etwa die Kulturwissenschaftlerin Maren Röger dafür plädiert, dass »über die ganze Dauer der DDR nicht von einem Tabu gesprochen werden [sollte], sondern von stark selektivem und ideologisch geregeltem Erinnern«, dann erfasst sie mit dieser Umschreibung ziemlich genau die komplexen Tabu-Wirkungen im öffentlichen Diskurs.[45] Auch Tiews und Niven zeigen mit präzisen Beobachtungen, dass ihnen die vielfältigen Wirkung der Tabuisierung keineswegs entgangen ist. In der Sache sind sich die Kontrahenten also weitgehend einig, Dissens gibt es vor allem hinsichtlich der Reichweite des Begriffs »Tabu«.

Der auf absolutes Verschweigen verengte Tabubegriff hat den Nachteil, dass er die sozialen Wirkungen des Tabus nicht mit einschließt. Demgegenüber kann ein erweiterter Tabubegriff, der die Gefühle und Wahrnehmungen der Menschen als Folge der Gravitationskraft des Tabukerns versteht, die besondere Erfahrung des Lebens in einer Diktatur als sprachliches Phänomen greifbar machen.

---

42 Alina Laura Tiews, Fluchtpunkt Film. Integrationen von Flüchtlingen und Vertriebenen durch den deutschen Nachkriegsfilm 1945–1990, Berlin 2017, S. 13.

43 Werner Felber/Ehrig Lange, Der restriktive Umgang mit dem Suizidphänomen im totalitären System, in: »Pro et contra tempora praeterita« (Schriftenreihe der Medizinischen Akademie Dresden, Bd. 27), Dresden 1993, S. 140–145, zit. 141.

44 Vgl. Susanne Hahn/Tilo Nimetschek, Suizidalität: Durchbrochenes Tabu, in: Suizidprophylaxe 20 (1993), S. 181–201.

45 Maren Röger, Flucht, Vertreibung und Umsiedlung. Mediale Erinnerungen und Debatten in Deutschland und Polen seit 1989, Marburg 2011, S. 50.

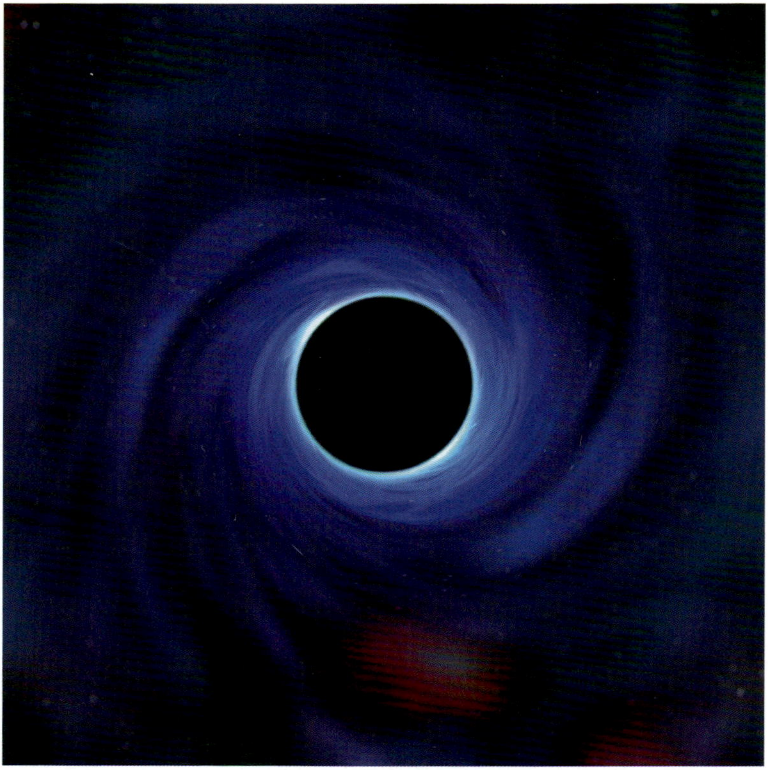

Alamy, Science Photo Library, GJ962T

Schwarzes Loch.

Die subjektive Wahrnehmung des Tabus

Anders als schriftlich fixierte Gesetze oder Verbote zeichnen sich Tabus durch ihre vergleichsweise diffuse Gestalt aus, weshalb die subjektive Wahrnehmung von Tabus diese oft erst formt. Die Grenzen von Tabus erscheinen diffus und vage und müssen durch Intuition, Verdacht, Anspielung und (selten) Versuch und Irrtum identifiziert werden.

Die folgende Episode, die der in der DDR aufgewachsene Historiker Ilko-Sascha Kowalczuk erlebt hat, veranschaulicht die dabei bisweilen auftretende, irrational erscheinende Unverhältnismäßigkeit. Am Ende seiner Schulzeit, so erinnerte sich Kowalczuk, planten Schüler aus mehreren Schulen ein Lagerfeuer am Müggelsee im Südosten Berlins. Sie wollten ihre Schulhefter verbrennen und feiern. Obwohl der Plan eine Zeit lang geheim gehalten wurde, bekam ein Schulleiter Wind davon und verhörte mehrere Schüler, darunter auch Kowalczuk. Seine größte Befürchtung war, dass er nach möglichen Sympathien für die Bücherverbrennungen der Nazis befragt werden könnte. Stattdessen wurde immer wieder nur die Frage gestellt, warum sie dieses Datum gewählt hatten. Es stellte sich heraus, dass der gewählte Freitag zufällig der 17. Juni und damit der dreißigste Jahrestag des Volksaufstandes von 1953 war. Die Schüler hatten unbeabsichtigt ein politisches Tabu berührt und damit einen Aufruhr ausgelöst.

Die Anekdote deutet darauf hin, dass die Wahrnehmung von Tabus, so vage und irrational sie auch sein mag, genauso eine historische Realität darstellt wie handfeste Verbote. Das ist ein Umstand, der nicht immer angemessen gewürdigt wird.

Der britische Historiker Richard Millington beispielsweise folgerte aus der Tatsache, dass über einhundert in der DDR entstandene Romane, Erzählungen und Filme das Thema des

Bundesarchiv, Bild 183-S75710, Bruno Heinscher

Offiziell gab es in der DDR keine Zensur. Die SED distanzierte sich klar von der nationalsozialistischen Bücherverbrennung; hier auf einer Kundgebung zum »Tag des Freien Buches« an der Humboldt-Universität Ost-Berlin am 10. Mai 1947. Zugleich entstanden subtile Mechanismen einer umfassenden Kontrolle und Lenkung von Literatur und Kunst.

17. Juni 1953 ansprachen, es sei gar kein Tabuthema. Dass Zeitzeugen trotzdem darauf bestanden, veranlasste Millington dazu, zwischen einer subjektiven Wahrnehmung des Themas als »tabu« und einem objektiven Nichtvorhandensein dieser Tabuisierung zu unterscheiden. Er glaubte, die Zeitzeugen würden einem Irrtum unterliegen.[46]

Wenn man sich jedoch die sprachlichen Effekte der Tabu-Kommunikation der DDR etwas genauer anschaut, sieht man, dass sich in den Wahrnehmungen der Zeitzeugen eine wichtige historische Tatsache zeigt. »Vielen Vertriebenen in der DDR

46 Vgl. Richard Millington, Limits of Control.

hat die Tabuisierung ihrer Vergangenheit die Trauerarbeit erschwert«, schrieb die Journalistin Helga Hirsch.[47] Oft äußerten sie sich über das Tabu erst, nachdem es gebrochen wurde. So konstatierte der aus Schlesien stammende DDR-Bürgerrechtler Konrad Weiss nach der Lektüre des Romans »Wir Flüchtlingskinder« im Jahr 1986, dass »lange Ungesagtes nun hierzulande sagbar geworden« sei.[48] Eine andere Leserin brachte den folgenden Stoßseufzer zu Papier: »Was haben mein Mann und ich so viele Jahre in uns hineingeschluckt oder verdrängt, das verborgen in einem weitergelebt hat?«[49]

Das Vertreibungs-Tabu galt übrigens auch für SED-Funktionäre. So schilderte der in Pommern geborene SED-Funktionär Hans Modrow, dass die SED-Führung die Vertreibung und den damit verbundenen Heimatverlust nie thematisiert hätte, obwohl mehrere führende Kommunisten aus verlorenen Gebieten im Osten stammten, allen voran Oskar Fischer, Hermann Matern und Egon Krenz: »Wir haben nie über unsere Herkunft gesprochen«, erinnerte sich Modrow, der seit 1961 dem Zentralkomitee der SED angehörte und dort vorübergehend als Abteilungsleiter für Agitation und Propaganda wirkte, bevor er Erster Sekretär der SED-Bezirksleitung Dresden wurde: »Das war ein Tabu. Auf der Führungsebene.« Auch »über die schreckliche Vertreibungspraxis wurde nie gesprochen.«[50]

47 Helga Hirsch, Flucht und Vertreibung. Kollektive Erinnerung im Wandel, in: Aus Politik und Zeitgeschichte B 40–41/2003, S. 14–26, zit. 20.

48 Konrad Weiss, [Brief an die Autorin], Berlin, 22.3.1986, in: Ursula Höntzsch, Wir Flüchtlingskinder, Halle/Leipzig 61991, S. 271–273, zit. 271.

49 Vgl. Charlotte Wasser [Brief an die Autorin], Berlin, 23.12.1988, in: Höntsch, Wir Flüchtlingskinder, S. 312f.

50 Hans, in: Heinz Drewniok, Zweite Heimat Sachsen. Lebenswege deutscher Flüchtlinge und Vertriebener, Dresden 2007, S. 114–117, zit. 116f.

Bundesarchiv, Bild 146-1979-084-06

Ostpreußen, 1945

Stilmittel der Tabusprache

»Die Aussagen eines Menschen mögen verlogen sein – im Stil seiner Sprache liegt sein Wesen hüllenlos offen«, schrieb der Sprachwissenschaftler Viktor Klemperer in »LTI«, seinen berühmten Notizen zur Sprache des »Dritten Reiches«. Das gilt nicht nur für die ideologisch gefärbte Sprache der Nazis, es gilt auch für die politisch motivierte Tabusprache in der DDR, die sich ebenfalls durch eine bestimmte Art und Weise des Sprechens auszeichnete.[51]

Zu den konkreten Charakteristika des Sprechens über »etikettierte Themen« in der SED-Diktatur sind bisher kaum Untersuchungen durchgeführt worden. Daher soll zunächst auf die sprachwissenschaftliche Forschung zu zeitgenössischen kommunikativen Tabus zurückgegriffen werden. Diese hat die rhetorischen Mittel herausgearbeitet, mit denen Tabus in westlichen Gesellschaften kommuniziert werden. Zu den sprachlichen Strategien gehören Stilmittel wie Verschweigen, Ellipse, Abkürzung, Euphemismus, Synekdoche, Klischee, Unbestimmtheit, Unterstellung, Umschreibung, Metapher und Verkehrung. Viele dieser Stilmittel finden sich, wie im Folgenden gezeigt wird, in unterschiedlicher Häufigkeit auch in der Tabusprache der DDR. Allen diesen rhetorischen Mitteln war gemeinsam, dass die Rede über ein gefährliches Thema neutralisiert werden sollte.

Sehr häufig war die Verwendung von *Euphemismen*. Das sind Ersatz-Begriffe, welche die tatsächliche Bedeutung eines Sachverhalts verschleiern und verharmlosen und es dadurch möglich machen, »über eine Sache zu sprechen, ohne sie

51 Victor Klemperer, LTI. Notizbuch eines Philologen, Leipzig 1996, S. 19.

verbal zu berühren«.[52] Eine weitere rhetorische Tabuisierungsstrategie war die der *De-Kontextualisierung*. Damit wurde ein Sachverhalt aus dem Zusammenhang genommen, um unangenehme Einsichten zu vermeiden. Drittens wurden *indirekte Anspielungen* verwendet, um Tabuthemen zu kommunizieren, ohne sie direkt ansprechen zu müssen. Ein viertes rhetorisches Mittel waren *Synekdochen*. Darunter versteht man die Ersetzung des Ganzen durch einen Teil, also das Erzählen einer Halbwahrheit, das Hervorheben eines Aspekts bei gleichzeitigem Verschweigen eines anderen, mindestens ebenso wichtigen Aspekts. Die Strategie der *Auslagerung* ging noch einen Schritt weiter. Hier wurde behauptet, dass ein Problem, das offensichtlich aus dem System selbst stammte, durch äußere Faktoren oder Akteure verursacht worden ist. Ein anderer sprachlicher Kunstgriff, manchmal in Kombination mit Auslagerung, war die *Substitution*. Hier wurden tatsächliche Akteure oder Ursachen durch andere ersetzt. Konnte man bestimmte Sachverhalte nicht verschweigen, dann griff man bisweilen auch zur *negativen Stereotypisierung*, indem man die Betreffenden mittels negativer Klischees charakterisierte. Zugleich gab es auch die Möglichkeit, bestimmte unangenehme Dinge durch *Beschönigung* sagbar zu machen. Schließlich bildete auch die *Verkürzung* ein Mittel, um heikle Details zu umgehen. Man war eben einfach »kurz angebunden«.

Die vielfältigen Formen von Tabukommunikation zeugen von großen Anstrengungen, Tabuthemen zu zähmen und präsentabel zu machen, und zeigen das komplexe Gefüge des offiziellen Diskurses selbst in kommunistischen Diktaturen auf. Wie das im Einzelnen geschah, soll im Folgenden anhand von vier in der DDR tabuisierten Themenbereichen beispielhaft dargestellt werden. Den Beginn macht ein Thema, das ideologisch heikel war, weil es einen zentralen Bereich der Legitimation der DDR bedrohte, den Antifaschismus. Generell

52 Christel Balle, Tabus in der Sprache, Frankfurt a.M. u.a. 1990, S. 177.

»bildeten jene zahllosen Titel, die in irgendeiner Weise mit der Geschichte der Arbeiterbewegung zu tun hatten«, wie der Literaturwissenschaftler Siegfried Lokatis betont hat, »den zensurpolitisch mit Abstand sensibelsten Themenbereich« in der DDR.[53] Insbesondere der antifaschistische Widerstandskampf der KPD war von eminenter politischer und volkspädagogischer Bedeutung für die SED, die ihre Herrschaft mit dem Verweis darauf legitimierte, dass sie nicht nur personell und inhaltlich aus der Kommunistischen Partei hervorgegangen war, sondern ihre historische Mission darin sah, das Vermächtnis der Widerstandskämpfer zu erfüllen. Gerade wegen dieser zentralen Bedeutung des kommunistischen Widerstands war die Beschäftigung mit diesem Thema stets ein Politikum, das umfassender Kontrolle und Reglementierung unterlag.

53 Siegfried Lokatis, Paradoxien der Zensur in der DDR, in: Martin Sabrow, Der geteilte Himmel. Literatur und ihre Grenzen in der DDR, Leipzig 2004, S. 75–99, zit. 84.

Bundesarchiv, Bild 183-N0909-404 Hartmut Reiche

Zu dem Bild schrieb ADN, die Nachrichtenagentur der DDR:

»Berlin: Gedenktag für die Opfer des Faschismus / Anläßlich des Internationalen Gedenktages für die Opfer des faschistischen Terrors und Kampftag gegen Faschismus und imperialistischen Krieg fand auf dem Bebelplatz eine machtvolle Kundgebung statt, an der rund 120 000 Berliner Einwohner teilnahmen. Blick auf die Ehrentribüne während der Ansprache Alfred Neumanns, Mitglied des Politbüros des ZK der SED und Erster Stellvertreter des Vorsitzenden des Ministerrates.«, September 1974.

Tabuthema Verrat im kommunistischen Widerstand

Generell besteht kein Zweifel daran: Die deutschen Kommunisten hatten den zahlenmäßig größten Anteil am Widerstand gegen die nationalsozialistische Gewaltherrschaft im Deutschen Reich. Dieser Widerstand hatte Höhe- und Tiefpunkte, er wurde durch den Hitler-Stalin-Pakt vorübergehend geschwächt, aber er hatte Bestand von Februar 1933 bis Mai 1945. Kein anderes politisches Lager stand dem Nationalsozialismus so unversöhnlich gegenüber wie die Kommunisten. Während der zwölf Jahre nationalsozialistischer Herrschaft gab es in Deutschland lokale und überregionale kommunistische Widerstandsnetzwerke, die Flugblätter und illegale Zeitungen verteilten und Protestaktionen durchführten.

Zugleich aber war der opferreiche Widerstand der Kommunisten erfolglos, was auch daran lag, dass es hunderte Verräter in den eigenen Reihen gab. Der Gestapo gelang es, nahezu jede kommunistische Untergrundorganisation durch Spitzel zu unterwandern. Das bedeutete in den meisten Fällen, altgediente Kommunisten durch Zwang und Folter »umzudrehen«, wie es im zynischen Jargon der Nazis hieß. Dann war es nur eine Frage der Zeit, bis die Netzwerke aufgerollt und die Widerstandskämpfer vor Gericht gestellt wurden. Die Kommunisten, die Widerstand wagten, wussten, dass sie »Tote auf Urlaub« waren. Schätzungen gehen davon aus, dass etwa 20.000 Kommunisten hingerichtet wurden bzw. in Konzentrationslagern ums Leben kamen.

Nach dem Krieg glorifizierte die SED die kommunistischen Widerständler zu makellosen Helden. Im Schatten fast jeder Heldengeschichte verbarg sich jedoch eine Verratsgeschichte.

Ob Ernst Thälmann, dessen technischer Mitarbeiter Alfred Kattner der Gestapo im Herbst 1933 die Führung der illegalen KPD in die Hände spielte, die weit verzweigte Bästlein-Jacob-Saefkow-Widerstandsgruppe, oder der Einsatz von Fallschirmspringern hinter der Frontlinie – in jedem Fall war das Scheitern der Widerstandsaktionen auch eine Folge des Wirkens von V-Leuten der Gestapo.[54]

Der Verrat kommunistischer Widerstandskämpfer wurde in der DDR-Geschichtsschreibung mit einem Meidungsgebot belegt. Der Literaturwissenschaftlerin Simone Barck zufolge war die Kollaboration kommunistischer Widerstandskämpfer mit der Gestapo »ein äußerst streng tabuisiertes Thema im antifaschistischen Diskurs«.[55] Das Gebot eines möglichst absoluten Verschweigens von Verrat galt vor allem dann, wenn zentrale Bestandteile des von der SED-Propaganda verbreiteten Bildes vom kommunistischen Widerstand in Gefahr waren.

So verschwanden Verräter aus dem näheren Umfeld Ernst Thälmanns aus dem Gedächtnis der Gesellschaft. Dass sein ehemaliger Mitarbeiter Kattner zum V-Mann der Gestapo geworden war und deshalb am 1. Februar 1934 von einem Kommunisten erschossen wurde, blieb in der DDR ein Tabu. Millionen Schüler lernten in der Schule das Gedicht »John Schehr und Genossen«, aber es wurde ihnen nicht gesagt, dass der unmittelbare Anlass für die in dem Gedicht geschilderte Mordaktion die am gleichen Tag erfolgte Erschießung Kattners war.

Verschwiegen wurde in der DDR auch Wilhelm Hein, Politbüromitglied und enger Thälmann-Vertrauter – der 1934 wegen seiner V-Mann-Tätigkeit für die politische Polizei aus der KPD ausgeschlossen worden war. Er wurde aus Fotografien herausretuschiert, die ihn bei einer Kundgebung der KPD am

54 Vgl. Udo Grashoff, Gefahr von innen. Verrat im kommunistischen Widerstand gegen den Nationalsozialismus, Göttingen 2021.

55 Simone Barck, Antifa-Geschichte(n). Eine literarische Spurensuche in der DDR der 1950er und 1960er Jahre, Köln u. a. 2003, S. 30.

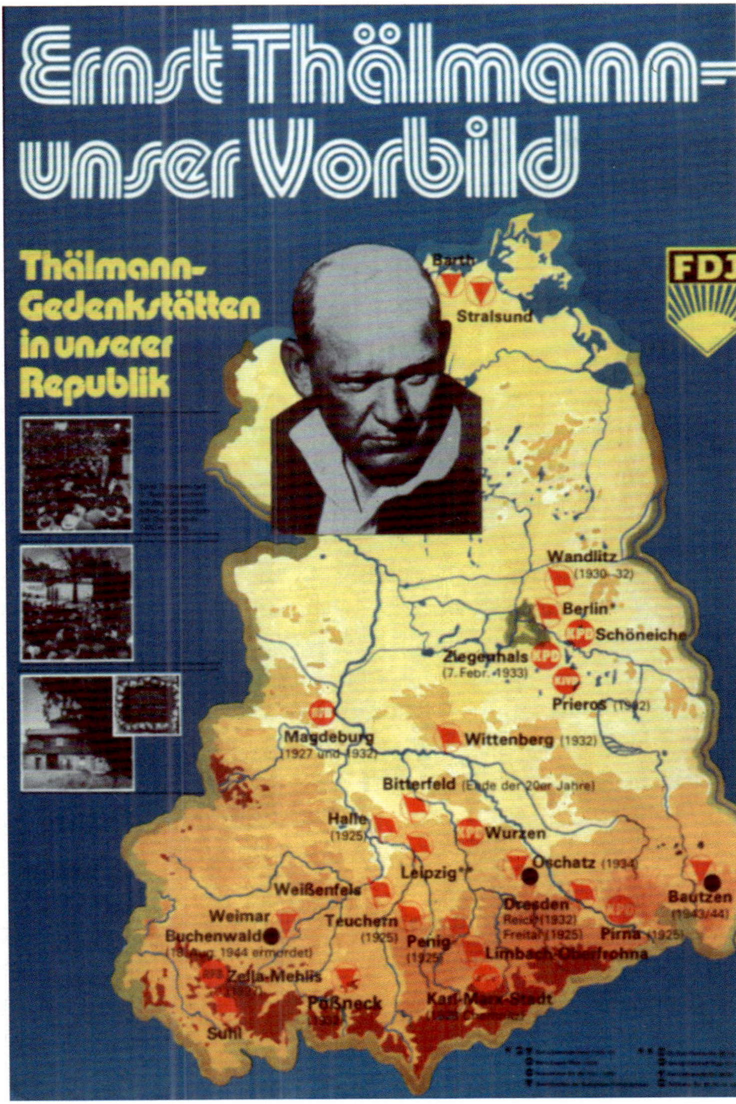

Bundesarchiv, PlakY 03-1718

Der als heldenhaft geschilderte antifaschistische Widerstandskampf der KPD sollte makellos sein. Plakat der Freien Deutschen Jugend zum Gedenken an Ernst Thälmann in der DDR, 1975.

25. Januar 1933 gemeinsam mit Thälmann und anderen Parteifunktionären auf der Tribüne zeigten.[56]

Auch über Verratsfälle in Familien führender SED-Funktionäre wurde in der DDR Stillschweigen gewahrt. So hatte der ältere Bruder des DDR-Volkskammerpräsidenten Horst Sindermann Genossen verraten und schwere Schuld auf sich geladen.[57] Auch der Schwiegersohn von Staatspräsident Wilhelm Pieck, Theodor Winter, hatte nach seinem gescheiterten Einsatz als Fallschirmagent mit der Gestapo zusammengearbeitet.[58] Im ersten Fall bestand die Tabuisierungsstrategie der SED darin, den Namen (Kurt Sindermann) zu verschweigen. Bei Theodor Winter wählte die SED die Stilisierung zum Helden. Ein biografischer Artikel behauptete 1986, Winter sei »bis zum letzten Atemzug standhaft« geblieben.[59] Wider besseren Wissens handelten offizielle Darstellungen Winters Verhaftung durch die Gestapo lediglich mit Floskeln ab. So hieß es im 1970 erschienenen Nachschlagewerk »Deutsche Widerstandskämpfer«: »Im Herbst 1944 wurde Theodor Winter in die Gestapozentrale nach Berlin gebracht. Seitdem ist er verschollen.«[60]

Ein anderer Fallschirmspringer, Robert Barth, der sich ebenfalls auf eine Zusammenarbeit mit der Gestapo eingelassen hatte, wurde in der DDR mit keiner Silbe erwähnt. Als seinem Mitstreiter Albert Hößler im Jahr 1969 postum der sowjetische Orden des Vaterländischen Krieges Erster Stufe verliehen wurde, fehlte in allen Darstellungen der Name des Begleiters.[61]

---

56 Vgl. Thilo Gabelmann [Egon Grübel], Thälmann ist niemals gefallen? Eine Legende stirbt, Berlin 1996, S. 71.

57 Vgl. Carsten Voigt, Kurt Sindermann. Als kommunistischer V-Mann in den Fängen der Dresdner Gestapo, in: Christine Pieper/Mike Schmeitzner/Gerhard Naser (Hg.), Braune Karrieren. Dresdner Täter und Akteure im Nationalsozialismus, Dresden 2012, S. 94–98.

58 Vgl. Peter Erler, Militärische Kommandounternehmen. Deutsche Polit-Emigranten als sowjetische Fallschirmagenten und Partisanen 1941 bis 1945, in: Zeitschrift des Forschungsverbundes SED-Staat (2000), Nr. 8, S. 79–101, hier 95.

59 Edgar Doehler, Theodor Winter, in: Karl Heinz Jahnke (Hg.), In einer Front. Junge Deutsche an der Seite der Sowjetunion im Großen Vaterländischen Krieg, Berlin 1986, S. 206–229, zit. 229.

60 Art. Theodor Winter, in: Deutsche Widerstandskämpfer 1933–1945, Biographien und Briefe, Band 2, Berlin 1970, S. 424–426, zit. 426.

61 Vgl. Johannes Tuchel, Das Ministerium für Staatssicherheit und die Fallschirmagenten der Roten Kapelle – Der Fall Albert Hößler, in: Hans Schafranek/Johannes Tuchel (Hg.), Krieg im Äther. Widerstand und Spionage im Zweiten Weltkrieg, Wien 2004, S. 56–77.

Generell neigte die SED dazu, das Thema des Verrats in den eigenen Reihen lieber nicht anzusprechen. Beispielsweise gab es im Sommer 1949 die Idee, den Prozess gegen drei ehemalige V-Leute der Gestapo in Görlitz in Form einer Broschüre publik zu machen. Dagegen wandte sich der Schriftsteller Max Zimmering, Landesvorsitzender der Vereinigung der Verfolgten des Naziregimes Sachsen: »Der indifferente Leser kann leicht den Eindruck bekommen, als sei die Arbeiterbewegung und die Widerstandsbewegung völlig von solchen Elementen durchsetzt gewesen.«[62]

Verschweigen war jedoch nur das äußerste Mittel der Tabuisierung. Bereits ein Blick in das DDR-Geschichtsbuch der 9. Klasse zeigt: Nicht immer hüllten die SED-Verantwortlichen den Mantel des Schweigens über vermeintliche oder tatsächliche Verräter bzw. Überläufer. Im Kapitel »Der antifaschistische Widerstandskampf bis zur Brüsseler Konferenz der KPD« kam nicht nur das »heldenmütige Auftreten Georgi Dimitroffs« zur Sprache, es hieß auch: »Während ihn hierbei solche Kommunisten wie Theodor Neubauer aktiv unterstützten, verriet Torgler die Partei.«[63] Damit fand die für die DDR-Geschichtswissenschaft maßgebliche Darstellung in der ›Geschichte der deutschen Arbeiterbewegung‹ von 1966 Eingang in die Volksbildung.[64] Dass ausgerechnet der Verrat von Ernst Torgler in den DDR-Schulbüchern herausgestellt wurde (während viele andere Ex-Kommunisten nicht einmal in wissenschaftlichen Fachzeitschriften erwähnt wurden), könnte damit zusammenhängen, dass er nach 1945 in der Bundesrepublik lebte und SPD-Mitglied geworden war.[65]

Diese Strategie der Auslagerung, bei der Verräter als politisch unzuverlässig erklärt wurden, war recht häufig. Auch in

---

62 Vgl. Max Zimmering an Landesvorstand Sachsen der VVN, 10.8.1949 (SächsHStADD, Bestand 13471, NS-Archiv des MfS. ZR 541, Akte 8).

63 Geschichte. Lehrbuch für Klasse 9, Berlin 21970, S. 162.

64 Vgl. Institut für Marxismus-Leninismus beim Zentralkomitee der SED (Hg.), Geschichte der deutschen Arbeiterbewegung, Bd. 5, Berlin 1966, S. 43.

65 Vgl. Geschichte der deutschen Arbeiterbewegung. Biographisches Lexikon, Berlin 1970, S. 463.

Bundesarchiv, Bild 183-49382-0003, Zimontkowski

Schüler mit Schulbüchern, Ost-Berlin, 1957.

anderen Fällen machte die SED offensiv Propaganda, wenn vermeintlichen Verräter in der Bundesrepublik lebten und sich zu Antikommunisten entwickelt hatten.

Auch die ausführliche Schilderung der Gestapomitarbeit des kommunistischen Abwehrfunktionärs Alfred Sitter in den 1981 im Militärverlag der DDR publizierten Erinnerungen des Kommunisten Erich Haberland lässt sich damit erklären, dass der Verräter dem «Klassenfeind» zugeordnet werden konnte.[66]

66 Vgl. Ernst Haberland, Der Pelerinenmann, Berlin 1981.

Sitter hatte der KPD im Ruhrgebiet durch seine mehrjährige Tätigkeit als Gestapo-V-Mann schweren Schaden zugefügt, war 1939 in den Polizeidienst übernommen und unter anderem zur Partisanenbekämpfung im Gebiet Lublin eingesetzt worden. 1945 geriet er in sowjetische Kriegsgefangenschaft, arbeitete offenbar bis 1949 bei der Volkspolizei im Kommissariat 5, dem Vorläufer des Staatssicherheitsdienstes in Ost-Berlin, bevor er durch Hinweise westdeutscher Kommunisten enttarnt und in Moskau als Gestapo-Agent zu 25 Jahren Lagerhaft verurteilt wurde. Im Zuge der Rückholaktion Adenauers in die Bundesrepublik gekommen, wurde er 1956 Polizeibeamter in Essen.[67] Damit bot er ein Paradebeispiel für eine Fortdauer »faschistischer Traditionen« in der Bundesrepublik.

Verräter außerhalb des Eigenen zu positionieren war eine wichtige Form der Tabukommunikation, die es ermöglichte, das Thema öffentlich anzusprechen, ohne dass damit ein Schatten auf die antifaschistischen Helden fiel. Diese Darstellungsmethode fand sich auch in einer 1959 publizierten Studie zum kommunistischen Widerstand in Hamburg.[68] Die selbst aus Hamburg stammende Autorin Ursula Hochmuth (Pseudonym: Puls) stellte die V-Leute der Gestapo als fremde, von außen eingeschleuste feindliche Elemente dar. Damit verschleierte die Autorin, dass es sich um ehemalige KPD-Funktionäre handelte, die nur deshalb so effektiv für die Gestapo arbeiten konnten, weil die Widerstandskämpfer ihnen vertrauten. Die Autorin sprach abstrakt von einem »Agenten- und Spitzelapparat« und erwähnte, dass »heute alle als unbescholtene Bürger in der Bundesrepublik« leben würden.

Auch der Umgang der SED mit dem Thema der Gestapokollaborateure in der Leipziger Widerstandsbewegung war dadurch gekennzeichnet, dass Verrat als ein von außen in die

67 Vgl. Wilhelm Mensing, Alfred S.: eine Nachrichtendienstkarriere zwischen KPD, Gestapo und Staatssicherheit, in: Zeitgeschichte 40 (2013), S. 358–369.

68 Vgl. Ursula Puls, Die Bästlein-Jacob-Abshagen-Gruppe. Bericht über den antifaschistischen Widerstandskampf in Hamburg und an der Wasserkante während des zweiten Weltkrieges, Berlin 1959, S. 110, 123.

KPD hineingetragenes Phänomen dargestellt wurde. »Ein Verräter wurde gedungen«, schrieb beispielsweise Kurt Kühn in einer Veröffentlichung im Jahr 1949.[69] 1965 hieß es in einem Aufsatz in der »Zeitschrift für Geschichtswissenschaft«: »Durch Spitzel und Verräter, die sowohl in die Berliner als auch in die Leipziger Widerstandsorganisation eingedrungen waren, wurden die wichtigsten Verbindungen der zentralen operativen Leitung der KPD ermittelt.«[70] Der Aufsatz nannte immerhin den Namen des wichtigsten V-Manns.[71] Zwei weitere V-Leute wurden nicht erwähnt und, was noch wichtiger war, deren kommunistische Herkunft wurde nicht einmal angedeutet. Eine Biografie des hingerichteten Widerstandskämpfers Georg Schumann sprach im Jahr 1965 nur von »Polizeispitzeln«.[72] Diese Einsilbigkeit im Umgang mit dem Thema der V-Leute in kommunistischen Widerstandsgruppen blieb in späteren Jahren der DDR erhalten und fand sich auch in der offiziellen Darstellung zum antifaschistischen Widerstand in Leipzig aus dem Jahr 1986 wieder. Dass Verrat aus den eigenen Reihen kam, wurde verdunkelt.

Ein besonderes Kapitel ist der Umgang mit Rudolf Hardtmann, einem zentralen Akteur des Leipziger Widerstands, der in der DDR zur Unperson gemacht wurde: Hardtmann hatte als Besitzer eines Desinfektionsbetriebes nicht nur zahlreiche Kommunisten bei sich beschäftigt, sondern sie auch zu marxistischen Schulungen auf seinem Grundstück im Leipziger Osten versammelt. Nach seiner Verhaftung hatte er sich zur Zusammenarbeit mit der Gestapo verpflichtet. In offiziellen Darstellungen der DDR wurde sein Name verschwiegen. So schaffte es Erich Köhn im bereits zitierten Aufsatz in der »Zeitschrift für Geschichtswissenschaft«, den Namen von

---

69 Kurt Kühn, Die letzte Runde, Berlin/Potsdam 1949, S. 33.

70 Erich Köhn, Der Weg zur Gründung des Nationalkomitees »Freies Deutschland« in Leipzig. Das Ringen der Kommunisten um die Durchsetzung der Strategie und Taktik der KPD in der Leipziger Widerstandsorganisation 1939–1944, in: ZfG 13 (1965) 1, S. 18–35, zit. 18.

71 Vgl. ebd., S. 35.

72 Vgl. Kurt Kühn, Georg Schumann. Eine Biographie, Berlin 1965, S. 286.

Hardtmann nicht ein einziges Mal zu nennen. Kurt Baller erwähnte in seiner Dissertation im Jahr 1973 zwar zwei Mitglieder der Hardtmann-Gruppe,[73] aber den Namen der zentralen Persönlichkeit ließ er weg.[74] Entsprechend dieser Taktik wurde die tatsächliche Bedeutung der Gruppe um Hardtmann heruntergespielt. Die offizielle Widerstandsgeschichte der SED-Bezirksleitung von 1986, die unter Mitwirkung von Baller entstand, erwähnte Hardtmann ebenso wenig wie seine Mitstreiter. In dem mehrbändigen Werk »Deutschland im zweiten Weltkrieg« tauchten immerhin die Namen der Mitstreiter auf, es war auch von einem Desinfektionsbetrieb die Rede, aber Hardtmanns Name fiel nicht.[75]

Tabuisiert wurde zudem auch das Schicksal von Karl Plesse, der zum Kreis um Hardtmann gehört hatte und dessen Name zwar bisweilen erwähnt wurde, jedoch immer nur als Widerstandskämpfer. Ein schwacher Trost für Plesse, der wegen seiner angeblichen Spitzeltätigkeit in der DDR zu zehn Jahren Haft verurteilt worden war.[76] Plesse hatte sich zur Kollaboration mit der Gestapo bereit erklärt und war als V-Mann registriert worden. Er hatte jedoch große Anstrengungen unternommen, die Gestapo zu täuschen. Weder dies noch seine stillschweigende vorzeitige Freilassung und Wiederaufnahme in die SED konnten in der DDR öffentlich angesprochen werden.

Eine häufige Methode der Neutralisierung von Verrat war die Vertuschung der langen Parteimitgliedschaft vieler »Verräter«. Sie wurden als Werkzeuge der Gestapo dargestellt, als eingeschleuste Agenten, die nichts mit dem Kommunismus gemein hätten. Ein Beleg für diese Strategie ist Walter Ulbrichts »Zur Geschichte der Neuesten Zeit« von 1955. Ulbricht schrieb, dass die Widerstandsgruppe um Robert Uhrig, die Gruppe um

73 Vgl. Kurt Baller, Der antifaschistische Widerstandskampf unter Führung der KPD im Gebiet des ehemaligen KPD-Bezirkes Leipzig-Westsachsen (1941–45), Diss. Leipzig 1973, S. 64.

74 Vgl. ebd., S. 119.

75 Vgl. Autorenkollektiv unter Leitung von Wolfgang Schumann (Hg.), Deutschland im zweiten Weltkrieg, Bd. 3, Berlin 1982, S. 274.

76 Vgl. Udo Grashoff, Artikel: Karl Plesse, in: Sächsische Biografie, hrsg. vom Institut für Sächsische Geschichte und Volkskunde (https://saebi.isgv.de/biografie/24055; letzter Zugriff: 24.6.2025).

Herbert Baum und die Saefkow-Gruppe durch Gestapospitzel verhaftet worden seien, wobei er jedoch »Verrat« im Sinne von Denunziation verwandte und offen ließ, inwiefern es sich bei den Verrätern um abtrünnige Kommunisten handelte.[77] In Wirklichkeit kamen jedoch sehr viele V-Leute der Gestapo aus der KPD selbst. Viele Verräter waren langjährige KPD-Mitglieder. Ihr »Stallgeruch«, so eine Formulierung des Historikers Klaus-Michael Mallmann, war eine Bedingung dafür, dass sie in der Partei so verheerenden Schaden anrichten konnten.[78]

Das trifft in besonderer Weise auf Ernst Rambow zu, der die Saefkow-Gruppe in Berlin verraten hatte. Die in der DDR eher seltenen Äußerungen zu Rambow trugen deutliche Züge der Tabukommunikation, die durch einen großen Anteil an Sinnentstellungen gekennzeichnet ist. Walter Ulbricht schrieb im Jahr 1955 noch relativ nüchtern – ohne Details zu nennen –, die Saefkow-Gruppe sei »durch den Verrat eines von der Gestapo eingebauten Spitzels fast völlig verhaftet« worden.[79] Im gleichen Jahr brachte jedoch Otto Winzer, Chef der Privatkanzlei des DDR-Präsidenten Wilhelm Pieck, eine völlig neue Version in Umlauf. Winzer warf – in polemischer Auseinandersetzung mit Allen Welsh Dulles' im Jahr 1947 publizierten Buch über deutsche Widerstandskämpfer gegen Hitler – dem US-amerikanischen Buchautor und Geheimdienstler vor, »Anton Saefkow und seine Kampfgefährten zu verleumden«.[80] Dulles hatte lediglich geschrieben, dass »die Gestapo in die kommunistische Untergrundbewegung eingedrungen war«.[81] Winzer führte dagegen ins Feld, der Verräter hätte Kontakte zu Dulles gehabt. Winzers völlig abwegige Darstellung wirkte noch

77 Vgl. Walter Ulbricht, Zur Geschichte der neuesten Zeit. Die Niederlage Hitlerdeutschlands und die Schaffung der antifaschistisch-demokratischen Ordnung, Bd. 1, 1. Halbband, Berlin 1955, S. 24, 29.

78 Klaus-Michael Mallmann, Die V-Leute der Gestapo. Umrisse einer kollektiven Biographie, in: Gerhard Paul/ders. (Hg.), Die Gestapo. Mythos und Realität, Darmstadt 1995, S. 268–287, zit. 271.

79 Ulbricht, Zur Geschichte der neuesten Zeit, S. 24.

80 Otto Winzer, Zwölf Jahre Kampf gegen Faschismus und Krieg. Ein Beitrag zur Geschichte der Kommunistischen Partei Deutschlands 1933 bis 1945, Berlin 1955, S. 227, Fußnote 1.

81 Vgl. Allen Welsh Dulles, Verschwörung in Deutschland, Zürich 1948 [engl. EA 1947], S. 244.

einige Jahre in der DDR-Historiografie nach. So folgte der Geschichtsprofessor und ehemalige Widerstandskämpfer Walter Barthel dieser Deutung im Jahr 1961.[82] Auch der Historiker Gerhard Nitzsche kam nicht umhin, die Autorität Winzer zu zitieren, fügte jedoch in seinem 1957 publizierten Buch den zutreffenden Fakt hinzu: »Mit Hilfe des Spitzels E. Rambow gelang es der Gestapo, Kenntnis von der Tätigkeit der kommunistischen Widerstandsgruppen zu erhalten.«[83]

Etwa zur gleichen Zeit fand die Figur des Ernst Rambow auch Eingang in einen fiktionalen Text, verfasst von dem ehemaligen KPD-Widerstandskämpfer Emil R. Greulich.[84] Der Roman entstand auf Anregung der Berliner FDJ-Bezirksleitung, war also ein Auftragswerk, und wurde nach seinem Erscheinen mit Nachauflagen und einem Preis bedacht. In freier Umdeutung der tatsächlichen Verratsgeschichte erschien Rambow in Greulichs Roman »Keiner wird als Held geboren« als Sicherungsmann Gerhard, der sich aus Reue im Moment des Zugriffs der Gestapo erschießt. In einem inneren Monolog zeigte Saefkow zumindest teilweise Verständnis für den schwach gewordenen Genossen: »Wer hatte Recht, darüber zu urteilen?« Schon im nächsten Augenblick aber ermahnte sich Saefkow: »Einmal vor den Henkern schwach werden kostete Menschenleben, und deshalb, Verrat blieb Verrat. Dieses Wissen war in Gerhard nicht erstorben, sonst hätte er sich nicht selbst gerichtet. Warum nur zu spät?«[85]

Beinahe wären diese Passagen herausgekürzt worden. Dem Erscheinen des Romans ging ein etwa zweijähriges Lektorat unter Einbeziehung des Instituts für Marxismus-Leninismus sowie der Zeitzeuginnen Änne Saefkow und Luise Kraushaar voraus, bei dem das Verrats-Thema eine wichtige Rolle spielte. Kraushaar monierte, dass »viel von der hohen Moral

82 Vgl. Walter Barthel, Die deutsche Widerstandsbewegung und die Alliierten zur Zeit des Zweiten Weltkrieges, in: ZfG 9 (1961) 5, S. 993–1013, hier 1009.

83 Vgl. Gerhard Nitzsche, Die Saefkow-Jacob-Bästlein-Gruppe, Berlin 1957, S. 88.

84 Vgl. Barck, Antifa-Geschichte(n), S. 220.

85 Emil R. Greulich, Keiner wird als Held geboren, Berlin 1961, S. 434f.

der Kommunisten verloren« ginge, wenn den jungen Lesern eher der verräterische Genosse als das faschistische System schuldig erscheinen würde.[86] Auch eine Außenlektorin warnte, dass dadurch »ein ganz schiefes Bild entstehen« würde.[87]

Letztlich blieb das Thema Verrat aber im Buch, da es, wie der Verlag »Neues Leben« betonte, zum einen aus literarischen Gründen notwendig war. Zum anderen berief sich der Verlag – als Autoritätsbeweis – auf eine 1957 im Dietz-Verlag erschienene wissenschaftliche Publikation, in der Rambows Verrat ja erwähnt wurde.[88] Das Beispiel zeigt, dass es in der DDR nicht darum ging, Verrat um jeden Preis zu verschweigen. Solange es gelang, ihn mit Heldenerzählungen kompatibel zu machen, war die öffentliche Rede darüber nicht unumstritten, aber möglich.

Wie die Historikerin Regina Scheer berichtete, kam bei Dreharbeiten für einen DEFA-Dokumentarfilm über ehemalige Häftlinge des KZ Sachsenhausen in den späten 1980er Jahren mehrfach die Rede auf Rambow: »Wenn der Name gefallen war, stockten die Gesprächspartner, als hätten sie ein verbotenes Wort ausgesprochen. Ein kurzer Blick traf uns, abschätzend, ob wir wohl wüssten, was das bedeutete. Der Verräter. Rambow, der Verräter. Mehr erfuhren wir nicht.«[89] Das Sprechen hinter vorgehaltener Hand brachte es mit sich, dass Gerüchte, Spekulationen und Halbwahrheiten vorherrschten, wodurch der Verrat oft unrealistische Dimensionen annahm. So erzählte ein Zeitzeuge, Rambow hätte mindestens 400 Menschen verraten. Diese Beobachtung deutet darauf hin, dass sich im Fall Rambow neben der offiziellen Tendenz, den Verräter zu verschweigen, eine inoffizielle Tendenz herausgebildet hat, den Verräter zu verteufeln.

Oftmals wurde zudem ein Stereotyp eines »Verräters« erschaffen, der aus niederen Motiven handelte. Ein Beispiel für

86 Luise Kraushaar, Gutachten, 18.1.1961 (BArch, DR 1/3987, Bl. 139–141, zit. 139f.).
87 Ruth Krenn, Gutachten, 9.2.1961 (Ebd., Bl. 150–153, zit. 151).
88 Vgl. Havemann, Stellungnahme, 8.1.1962 (Ebd., Bl. 136).
89 Regina Scheer, Rambow – Spuren von Verfolgung und Verrat, in: Dachauer Hefte 10 (1994) 10, S. 191–213, zit. 191.

eine negative Stereotypisierung war der alkoholkranke, aus Geldgier handelnde Verräter Henschel in der 1969 produzierten mehrteiligen TV-Serie »Hans Beimler, Kamerad«.[90] Auch in anderen DDR-Filmen tauchten »Dreigroschenjungen« auf, welche die Funktion hatten, die kommunistischen Helden des antifaschistischen Widerstands noch tapferer und leuchtender erscheinen zu lassen. Regina Scheer schrieb in diesem Sinne, dass »das Bild von dem einen Verräter, der alle anderen ans Messer geliefert hat, notwendig war, um das Bild der anderen zu bewahren, wie es überliefert wurde: Unbeugsam bis zum letzten Moment, auch unter Foltern nicht bereit, die Genossen zu belasten«.[91]

Hat die SED-Darstellung des kommunistischen Widerstands das Verrats-Tabu im Verlauf von 40 Jahren DDR gelockert? Das Beispiel Leipzig legt nahe, dass sich eine Veränderung vollzogen hat. In einer Buchpublikation von 1960 über die Leipziger Gruppe Schumann-Engert-Kresse fehlte jeglicher Hinweis auf V-Leute oder Verrat aus den eigenen Reihen. Lediglich einmal war abstrakt davon die Rede, dass sich Gestapo und SS auf einen »umfangreichen Spitzelapparat« stützten.[92] Dem gegenüber wurde in den Publikationen der 1980er-Jahre der Verrat im kommunistischen Widerstand nicht nur erwähnt, es wurden auch Namen genannt.[93] Damit flossen Ergebnisse aus wissenschaftlicher Forschung in eine für ein größeres Publikum geschriebene Darstellung ein und bewirkten eine Erweiterung der Grenzen des Sagbaren.[94]

Auch die Art und Weise, wie der Spielfilm »Dein unbekannter Bruder« (1982) den Verrat im kommunistischen Widerstand

---

90 Vgl. Lars Skrowronski, Die politische Struktur der fiktionalen Geschichtssendung am Beispiel von *Hans Beimler, Kamerad*, in: Ulrike Schwab (Hg.), Fiktionale Geschichtssendungen im DDR-Fernsehen. Einblicke in eine Forschungsgebiet, Leipzig 2007, S. 67–106, hier 75.

91 Scheer, Rambow, S. 210.

92 Ilse Krause, Die Schumann-Engert-Kresse-Gruppe, Berlin 1960, S. 69.

93 Vgl. Kommission zur Erforschung der Geschichte der örtlichen Arbeiterbewegung bei der Bezirksleitung Leipzig der SED u. a. (Hg.), In der Revolution geboren. In den Klassenkämpfen bewährt. Geschichte der KPD-Organisation Leipzig-Westsachsen, Leipzig 1986, S. 505.

94 Vgl. Baller, Der antifaschistische Widerstandskampf, S. 211f., 373.

darstellte, deutet auf eine Lockerung des Tabus hin. Zwar musste das Drehbuch dahingehend verändert werden, dass der Gestapospitzel am Ende nicht von Kommunisten erschossen wurde. Das Wagnis des Films bestand darin, jemanden aus den eigenen Reihen als Verräter darzustellen. Die SED-Führung demonstrierte durch ihre Reaktion, dass ihr der Film unangenehm war. Sie verbot den Film zwar nicht, behinderte aber seine Verbreitung und unterband seine Aufführung beim Internationalen Filmfestival in Cannes.[95]

95 Vgl. Ralf Schenk, Das zweite Leben der Filmstadt Babelsberg. DEFA-Spielfilme 1946–1992, Berlin 1994, S. 286.

Tabuthema Vertreibung

In den Jahren 1945 bis 1950 mussten etwa 12 bis 14 Millionen Deutsche ihre Heimat in Ostpreußen, Schlesien, Pommern, dem Sudetenland und anderen Gebieten im Osten Europas unwiderruflich verlassen. Diese Zwangsmigration verlief in mehreren Phasen. Bereits in den letzten Monaten des Zweiten Weltkrieges hatte eine zumeist von Verantwortlichen des NS-Regimes organisierte Massenflucht vor der vorrückenden Front eingesetzt. Nach der Besetzung der deutschen Ostgebiete durch die Rote Armee kam es dann zu sogenannten »wilden Vertreibungen«. Dabei wurden an der deutschen Zivilbevölkerung schwere Verbrechen begangen. Ihr Besitz wurde geplündert, sie wurden ohne Entschädigung komplett enteignet, es kam zu Pogromen. Auf der Potsdamer Konferenz wurde im August 1945 die Vertreibung zur offiziellen Politik erklärt. Trotz der dort getroffenen Festlegung, dass eine »ordnungsmäßige Überführung deutscher Bevölkerungsteile« stattfinden solle, kam es weiterhin zu schweren Menschenrechtsverletzungen. Hunderttausende Deutsche wurden interniert, viele von ihnen mussten Zwangsarbeit leisten. In den Lagern kam es zu vielen Todesfällen. Nachdem die Opferzahlen lange Zeit überschätzt wurden, hat sich die neuere Forschung darauf geeinigt, dass im Zuge der Vertreibung etwa 600.000 Menschen umkamen. Hinzu kommen Spätfolgen, denn die Sterblichkeit der Vertriebenen war auch nach ihrer Ankunft im Nachkriegsdeutschland vergleichsweise hoch.

Etwa ein Drittel der Geflüchteten und Vertriebenen fand eine neue Heimat in der Sowjetischen Besatzungszone und wurde dort mit einem Regime konfrontiert, das darauf abzielte, einen Schlussstrich unter das Geschehen zu ziehen. Anders als in der Bundesrepublik, wo ein Team anerkannter Historiker unter Leitung von Theodor Schieder in den 1950er-Jahren tausende Zeitzeugenberichte zusammentrug und diese in einer achtbändigen Dokumentation publizierte, waren die Erfahrungen der Opfer von Flucht und Vertreibung in der DDR unerwünscht. Bittere historische Wahrheiten wurden von Anfang an mit aller Macht unterdrückt, insbesondere das Erleben von Gewalt durch sowjetische Soldaten und die Gräueltaten nationalistischer tschechischer und polnischer Milizen. Auch öffentliche Kritik an den »Benes-Dekreten« war unmöglich in der DDR. Im März 1946 hatte das Parlament der Tschechoslowakei die »Benes-Dekrete« verabschiedet. In deren Folge wurden knapp drei Millionen Einwohner deutscher Herkunft zu Staatsfeinden erklärt, was zu ihrer Enteignung und Ausbürgerung führte.

Die oft traumatischen Erinnerungen von Millionen Menschen wurden von den regierenden Kommunisten marginalisiert und zensiert, weil sie das Dogma der verordneten Freundschaft mit den »sozialistischen Bruderländern« Polens, der Tschechoslowakei und der Sowjetunion in Frage stellten. Um jede Anspielung auf die fragwürdige Rechtsgrundlage der Ausweisungen zu vermeiden, war es unerwünscht, den Verlust der Heimat anzusprechen: »Das Thema selbst als Verlust zu artikulieren, wurde bereits als Störung des Friedens kriminalisiert«, berichtete der in Oberschlesien geborene Heinrich Olschowsky im Jahr 2005, zu dieser Zeit Professor für Polonistik an der Berliner Humboldt-Universität.[96] Deshalb konnten aus den Ostgebieten Vertriebene in Romanen und Filmen der DDR nie offen einen Rückkehrwunsch vertreten.

In Wirklichkeit akzeptierte eine große Zahl von Flüchtlingen, insbesondere in den frühen 1950er-Jahren, den Gebietsverlust im Osten nicht. Dass überdurchschnittlich viele Flüchtlinge zunächst in der sowjetischen Besatzungszone geblieben waren, hatte ja damit zu tun, dass sie immer noch mit ihrer Rückkehr in die Heimat rechneten. Zu dieser Zeit entstanden inoffizielle

96 Heinrich Olschowsky in: Basil Kerski/Zdzislaw Owczarek (Hg.), Ist gemeinsame Erinnerung möglich? Polen und Deutschland 60 Jahre nach der Potsdamer Konferenz, Berlin 2005, S. 34.

Bundesarchiv, Bild 183-1983-0422-312, Otto Donath

Vertriebene an einem Güterbahnhof in Ost-Berlin (Pankow), 1946.

Netzwerke und ab 1950 fanden in verschiedenen Städten der DDR getarnte Massenversammlungen statt. So trafen sich Tausende Schlesier und Sudetendeutsche in den Zoos von Halle und Leipzig. Das geschah vor allem am ersten Sonntag nach Pfingsten und an »Maria Schneefest«, einem katholischen Feiertag im August. Diese Treffen setzten sich noch bis Ende der 1960er-Jahre, wenn auch mit weniger Teilnehmern, fort. Die Staatssicherheit beobachtete die inoffiziellen Zusammenkünfte zumeist passiv. Zu Großeinsätzen wie im Mai 1953, als Sicherheitskräfte von 2000 im halleschen Zoo versammelten Vertriebenen die Personalien aufnahmen und 600 von ihnen kurzzeitig verhafteten, kam es nur selten.[97] Worauf die SED aber achtete, war, dass sich keine Organisationsstrukturen bildeten.

Gleiches galt auch für Firmen und Vereinigungen, deren Namen an die Vertreibung erinnerten, wie etwa »Sudetendeutsche

97 Vgl. Heike Amos, Die Vertriebenenpolitik der SED 1949 bis 1990, München 2009, S. 33.

Glasveredelung« oder »Gemeinnützige Umsiedlergenossenschaft«. Um den Jahreswechsel 1950/51 wurden sie angewiesen, sich umzubenennen, um den Verschmelzungsprozess mit der einheimischen Bevölkerung nicht zu behindern.[98] Auch der »Bund Danziger Antifaschisten« wurde aus diesem Grund aufgelöst. Selbst Vereine, die sich Tarnnamen zugelegt hatten, wurden verboten, wie der von Schlesiern in Apolda gegründete Heimat- und Gesangsverein, der »Beerdigungs-Beihilfe-Verein« hieß.[99] Die Pflege der heimatlichen Bräuche, das Singen der Lieder war unerwünscht. Das ging so weit, dass es in der DDR tabu war, von der »schlesischen Küche« zu sprechen.[100]

Dem generellen Verbot jeglicher Vertriebenenorganisationen in der DDR entsprach eine restriktive Sprachregelung hinsichtlich der Bezeichnung der Betroffenen. In Westdeutschland bezeichneten sie sich demonstrativ als »Vertriebene«. Darin kam der Wunsch nach Wiedergutmachung und Rückkehr in die verlorene Heimat zum Ausdruck, der auch auf eine Infragestellung der Oder-Neiße-Grenze zwischen der DDR und Polen hinauslief. Für die SED war der Vertriebenen-Begriff gleichbedeutend mit »Revanchist«, womit jene bezeichnet wurden, die eine Rückgängigmachung der Westverschiebung des polnischen Territoriums und eine Wiederherstellung des deutschen Reiches in den Grenzen von 1937 anstrebten.

Um den gewaltsamen und umstrittenen Prozess der Vertreibung zu verschleiern, untersagte die Sowjetische Militäradministration bei der Gründung der »Zentralen Verwaltung für Umsiedler« nicht nur den Begriff »Vertriebener«, sondern auch die Bezeichnung »Flüchtling«. Der Vizepräsident der »Zentralverwaltung für deutsche Umsiedler«, Michael Tschesno, argumentierte im Jahr 1946, dass die von der Zwangsumsiedlung Betroffenen keine Flüchtlinge seien, da sie nicht wieder in die

98 Manfred Wille (Hg.), Die Vertriebenen in der SBZ/DDR. Dokumente, Bd. III, Wiesbaden 2003, S. 335f.

99 Vgl. Erika Frischbier [Brief an die Autorin], Apolda, 8.7.1986, in: Höntsch, Wir Flüchtlingskinder, S. 287–289.

100 Ilse Radke [Brief an die Autorin], 24.6.1990, in: Höntsch, Wir Flüchtlingskinder, S. 308.

Gebiete zurückkehren könnten, aus denen sie stammten.[101] Ein weiterer Grund findet sich bei der Schriftstellerin Christa Wolf. In dem 1976 veröffentlichten Roman »Kindheitsmuster« deutete sie das Heikle an, das mit dem Begriff assoziiert wurde: Die Flucht sei vor allem eine Flucht vor der Roten Armee und den befürchteten Grausamkeiten gewesen. »Bloß dem Russen nicht in die Hände fallen«, habe die Devise gelautet.[102]

In der Sowjetischen Besatzungszone wurde daher statt »Flüchtling« der Begriff »Umsiedler« verwendet. Dieser verordnete Begriff war, so die Historikerin Heike Amos, »extrem verharmlosend, beschönigend und entsprach nicht den realen Tatsachen und Abläufen«.[103] Der Euphemismus war eine Übernahme aus der russischen Sprache. In der stalinistischen Sowjetunion war er bereits seit den 1920er-Jahren als verharmlosende Bezeichnung für Deportationen ethnischer Gruppen wie der Donkosaken, der Krimtartaren und der Wolgadeutschen in Gebrauch gewesen.[104] Zugleich verband sich mit dem Begriff des »Umsiedlers« aber auch ein Hilfs- und Integrationsangebot. Andere Begriffe, wie etwa die ab 1946 in Thüringen offiziell gebrauchte Bezeichnung »Neubürger«, hatten eine ähnliche Funktion.

Man könnte nun einwenden, dass auch der Begriff des »Vertriebenen« lediglich eine Teilwahrheit darstellte und in Westdeutschland vor allem als politischer Kampfbegriff benutzt wurde. Tatsächlich besteht bei der Aufarbeitung von politischen Tabus in der DDR leicht die Gefahr, dass man in eine schwarz-weiße Weltsicht verfällt: Hier die falsche Repräsentation durch Tabukommunikation, dort die angeblich »wahre« Geschichte. »Eine – wie immer auch geartete –, ›normale‹ oder unverfälschte Erinnerung gab es in den politischen Debatten weder in Ost noch West«, stellte der Historiker Christian Lotz

101 Vgl. Schwartz, Vom Umsiedler zum Staatsbürger, S. 141.
102 Christa Wolf, Kindheitsmuster, Berlin/Weimar 1976, S. 417.
103 Amos, Vertriebenenpolitik, S. 18.
104 Vgl. Schwartz, Vom Umsiedler zum Staatsbürger, S. 137.

Bundesarchiv, Plakat 100-015-022

Umworbene »Umsiedler«: Wahlplakat der SED von 1946.

hinsichtlich der Vertriebenenproblematik fest.[105] Diese Beobachtung muss als Warnung verstanden werden, bei aller berechtigter Tabu-Kritik nicht der Illusion einer einfachen Wahrheit zu verfallen, die im Gegenteil der Lüge schon die Wahrheit sieht. Sowohl im Osten als auch im Westen Deutschlands gab es eine mit dem Vertreibungsthema verknüpfte Sprachpolitik, die bestimmte Sachverhalte betonte und andere ausblendete. Während »Umsiedler« den Zwangscharakter der Umsiedlung verschleierte, klammerte »Vertriebener« die im Kontext des Krieges erfolgte Flucht aus. Aus der politisch motivierten Einseitigkeit der jeweiligen Erinnerungskulturen aber zu schließen, dass man nicht »von einer ›Tabuisierung‹ des Themas« sprechen könne, wie das Christian Lotz getan hat, hieße

105 Christian Lotz, Die Deutung des Verlusts. Erinnerungspolitische Kontroversen im geteilten Deutschland um Flucht, Vertreibung und die Ostgebiete (1948–1972), Köln u. a. 2007, S. 264.

jedoch, das Kind mit dem Bade auszuschütten.[106] Denn die Art und Weise, wie die SED in der DDR das Thema in der Öffentlichkeit zurechtbog, trug eindeutig Merkmale der Tabukommunikation. Es handelte sich »um ein DDR-spezifisches politisches Tabu«, so die Germanistin Carola Hähnel-Mesnard.[107]

Allein schon, dass in der DDR nur sehr wenige Romane erschienen, die das Thema berührten, und dass es große Unterschiede zur westdeutschen Erinnerungsliteratur der Vertreibung gab, ist Ausdruck dieses Tabus. 1949 war fast jeder vierte Bewohner der neu gegründeten DDR ein ehemaliger Bewohner der deutschen Ostgebiete. Der Umstand, dass ein Thema von derart großer Relevanz marginalisiert wurde, markierte es als »heißes Eisen«. Christa Wolf hat in ihrem Roman »Kindheitsmuster« darauf hingewiesen.[108]

Zum Kernbereich des Sprach-Tabus gehörte, dass die Flüchtlinge bzw. Vertriebenen die deutschen Namen ihrer Heimatorte nicht mehr benutzen durften. Aus Königsberg wurde Kaliningrad, aus Breslau Wroclaw, aus Reichenberg Liberec. Die Vertriebenen lernten, sich an dieses Gebot zu halten. »Königsberg zu erwähnen war ein Tabu, als ob der Fluch des Bösen an diesem Wort hing«, erinnerte sich die aus Ostpreußen stammende Schriftstellerin Helga Lippelt, die bis 1980 in der DDR lebte.[109] Die ehemals deutschen Ortsnamen, beschrieb ein Zeitzeuge seine Erfahrungen, seien in der DDR »so etwas wie eine ›verbotene Zone‹« gewesen.[110] »Wer Breslau weiterhin Breslau nennen wollte«, so der Historiker Andreas Kossert, »wurde als unbelehrbarer und gefährlicher Revanchist verdächtigt«.[111] Die staatliche Tabuisierungspolitik setzte

---

106 Lotz, Deutung des Verlusts, S. 264.

107 Carola Hähnel-Mesnard, Narrative der Flucht, Vertreibung und Integration in der DDR-Literatur der 1950er Jahre, in: treibhaus. Jahrbuch für die Literatur der fünfziger Jahre, Heft 4 (2008), S. 121–143, zit. 122.

108 Wolf, Kindheitsmuster, S. 417.

109 Helga Lippelt, Abschied von Popelken oder Ein Atemzug der Zeit, München 1994, S. 296.

110 Heinz, in: Heinz Drewniok, Zweite Heimat Sachsen. Lebenswege deutscher Flüchtlinge und Vertriebener, Dresden 2007, S. 13–23, zit. 18.

111 Andreas Kossert, Kalte Heimat. Die Geschichte der deutschen Vertriebenen nach 1945, München 2008, S. 222.

sich auf der Ebene der Arbeitskollektive und selbst der Familien fort. So schilderte eine Zeitzeugin, dass allein schon »die Nennung ihrer Herkunftsgebiete und Familiengeschichte« zu politischen Belehrungen durch Arbeitskollegen oder Bekannte führte.[112] Die »Neubürger« lernten, mit der »weit verbreiteten Tabuisierung des Vertriebenenproblems« zu leben, »die in der DDR-Öffentlichkeit erst im Laufe der achtziger Jahre allmählich wieder aufgelockert wurde«.[113]

Die Art und Weise, wie im Gravitationsfeld des Tabuthemas gesprochen wurde, ist ein anschauliches Beispiel für den Versuch, das brisante Thema durch Beschönigung und Vereinseitigung in den Griff zu bekommen. Bereits kurz nach Gründung der DDR schrieb Anna Seghers in ihrer Kurzgeschichte »Die Umsiedlerin«, dass die Heldin »Ende des Krieges beim Einzug der Polen aus ihrer Provinz mit vielen Schicksalsgefährten nach Westen gezogen« sei.[114] Die Verwendung der neutralen Begriffe »gezogen« und »Einzug« suggeriert ein friedliches, einvernehmliches Geschehen, das die tatsächlichen Schrecken verschleierte.

Ein besonders heikler Aspekt, der nicht angesprochen werden konnte, war die Gewalt durch sowjetische Soldaten. So berichtete ein ostpreußisches Waisenkind, das in Thüringen in einem Kinderheim unterkam: »Uns wurde dort sehr schnell nahegelegt, nie wieder davon zu sprechen, was wir beim Einmarsch der Roten Armee erlebt hatten. Lehrer nahmen die Kinder beiseite und machten ihnen klar, dass es für sie das Beste sei, ein für alle Mal darüber zu schweigen.«[115] Dabei hatte die SED im Jahr 1948 zunächst versucht, das Thema offensiv

112 Katinka Meyer/Anna-Christin Ransiek, Das Gedächtnis tabuisierter Erinnerungen. Zum Wandel von Erinnerungen in der und an die DDR, in: Hanna Haag u. a. (Hg.), Volkseigenes Erinnern. Die DDR im sozialen Gedächtnis, Wiesbaden 2017, S. 205–236, zit. 213.

113 Michael Schwartz, Tabu und Erinnerung. Zur Vertriebenen-Problematik in Politik und literarischer Öffentlichkeit der DDR, in: ZfG 51 (2003) 1, S. 85–101, zit. 87.

114 Anna Seghers, Die Umsiedlerin, in: dies., Der Bienenstock, Berlin 1953, Bd. 2, S. 171–180, zit. 171f.

115 Steffi Kaltenborn, Wohn- und Lebensverhältnisse von Vertriebenen 1948 in Thüringen, in: Dierk Hoffmann/Michael Schwartz (Hg.), Geglückte Integration? Spezifika und Vergleichbarkeiten der Vertriebenen-Eingliederung in der SBZ/DDR, München 1999, S. 273–287, zit. 276.

anzugehen. In einem Artikel im »Neuen Deutschland« hatte Rudolf Herrnstadt die »Übergriffe« der Roten Armee erwähnt und eine Reihe von öffentlichen Diskussionsveranstaltungen angeregt. Während im ND nur der Euphemismus »Übergriffe« stand, wurde bei den semi-offiziellen Veranstaltungen das »Thema der Massenvergewaltigungen von den Anwesenden angesprochen«. Dabei gelang es jedoch weder »eine befriedigende Erklärung noch eine akzeptable Sprachregelung zu finden«, und so wurde das Thema in der Folgezeit unterdrückt.[116]

Bill Niven hat in diesem Zusammenhang darauf hingewiesen, dass die Meidung des Themas oft auch aus Überzeugung erfolgte: »Es war auch die Einsicht in die deutsche Schuld und die Überzeugung, die Verbrechen der anderen anzuprangern, käme dem Versuch einer Schuldminderung gleich.«[117] Das schließt jedoch nicht aus, dass die SED oft mit politischem Druck nachhalf, diese Praxis durchzusetzen.

Als beispielsweise der in Riga geborene deutschsprachige Autor Boris Djacenko im Jahr 1958 in dem Roman »Herz und Asche. Teil II« Vergewaltigungen durch sowjetische Soldaten darstellte, führte das zu einem Verbot der Veröffentlichung. Da die »Neue Berliner Illustrierte« (NBI) bereits mit einem Vorabdruck begonnen hatte, der abrupt beendet wurde, verursachte das Verbot einiges Aufsehen. »Der Abbruch der Publikation in der NBI als öffentlicher Zensurakt machte das Tabu als solches kenntlich«, so die Literaturwissenschaftlerin Birgit Dahlke. Verlagsleiter und Cheflektor bekamen ein Parteiverfahren, der Cheflektor verlor seinen Job. Auch drei weitere Lektoren wurden von ihren Funktionen entbunden bzw. gekündigt.[118]

116 Jan. C. Behrends, Die erfundene Freundschaft. Propaganda für die Sowjetunion in Polen und in der DDR, Köln u.a. 2006, S. 156.

117 Bill Niven, Belletristik in der DDR, in: Stephan Scholz u.a. (Hg.), Die Erinnerung an Flucht und Vertreibung. Ein Handbuch der Medien und Praktiken, Paderborn 2015, S. 20–40, zit. 31.

118 Birgit Dahlke, Die Schrecken der Befreiung. Der Tabubruch in den Romanen von Boris Djacenko, Werner Heiduczek, Erwin Strittmatter und Christa Wolf im Druckgenehmigungsverfahren, in: Siegfried Lokatis/Martin Hochrein (Hg.), Die Argusaugen der Zensur. Begutachtungspraxis im Leseland DDR, Stuttgart 2021, S. 393–425, zit. 403. Vgl. ebd., S. 397f.

Dass deutsche Frauen am Ende des Krieges von sowjetischen Soldaten misshandelt und vergewaltigt worden waren, konnte in DDR-Filmen und -Romanen, wenn überhaupt, nur angedeutet werden. In dem Film »Jadup und Boel« von Rainer Simon, der 1988 in die DDR-Kinos kam, blieb die Vergewaltigung eines Mädchens durch einen sowjetischen Soldaten zu Kriegsende ein bloßes Gerücht, das sich nicht bestätigte.[119] Im Roman »Kindheitsmuster« von Christa Wolf erschien das Szenario von Vergewaltigungen durch sowjetische Soldaten und nachfolgenden suizidalen Verzweiflungstaten lediglich als »Ausdruck antibolschewistischer Fantasie« der Heldin Nelly.[120] Und der sowjetische Soldat, dem Nelly dann in Wirklichkeit begegnete, war wider Erwarten freundlich. Allerdings deutete Wolf an, dass Nellys Erfahrung eher die Ausnahme war, denn sie hatte »Glück«.[121]

Etwas deutlicher wurde der Filmemacher Konrad Wolf im Jahr 1968 in seinem teilweise autobiografischen Film »Ich war neunzehn«, in dem er ein deutsches Flüchtlingsmädchen gegenüber einem russischen Offizier sagen ließ, sie schlafe »lieber mit einem als mit jedem«. Wolf konnte das aufgrund seiner privilegierten Stellung als Präsident der Akademie der Künste (quasi das höchste künstlerische Amt in der DDR). Allerdings handelte es sich um eine Abschwächung der ursprünglichen Filmidee. Geplant war zunächst eine Szene mit etwa 150 bis 200 verängstigten Frauen, die in der Stadtkommandantur Zuflucht suchten.[122] Zudem wurde der Tabubruch im Film auch sofort relativiert, denn die Äußerung der jungen Frau löste eine wütende Reaktion bei einer sowjetischen Soldatin aus, die ihr die Verbrechen der Deutschen an der Ostfront vorwarf.

119 Vgl. Bill Niven, Film und Fernsehen in der DDR, in: Stephan Scholz u. a. (Hg.), Die Erinnerung an Flucht und Vertreibung. Ein Handbuch der Medien und Praktiken, Paderborn 2015, S. 140–152, hier 151.

120 Niven, Belletristik in der DDR, S. 30.

121 Wolf, Kindheitsmuster, S. 418.

122 Vgl. Ralf Schenk, Ich war neunzehn, in: Bundeszentrale für politische Bildung, 16.4.2010 (https://www.bpb.de/lernen/filmbildung/filmkanon/43593/ich-war-neunzehn/; letzter Zugriff: 12.6.2025).

Erwin Strittmatter wiederum thematisierte im dritten Teil seiner Roman-Trilogie »Der Wundertäter« eine Vergewaltigung durch sowjetische Soldaten als Geschichte eines erfolglosen Tabubruchs. Als Strittmatters Romanheld darüber schreiben wollte, legte ihm dessen Lektor nahe, den Vorfall durch Verdrehungen und Nebenhandlungen »bis zur Lappalie runter[zu] spielen«. Strittmatter schilderte dann, wie die Entscheidung über das heikle Buch bis zur SED-Führung hochgereicht wurde, wo der Lektor den Tabubruch verteidigte: »Zum Beispiel das Wort ›Vergewaltigung‹! Wir machen uns vor, wenn wirs nicht aussprechen, hats den Vorgang nicht gegeben, und wir denken nicht daran, daß jene Frauen, die ihn erlebten, noch als Großmütter ihren Enkeln davon reden werden.«[123] Trotzdem wurde die Druckgenehmigung nicht erteilt.

In seinen Tagebüchern dokumentierte Strittmatter den langwierigen Prozess der Druckgenehmigung für seinen Roman, bei der letztlich, ganz ähnlich wie in der Romanhandlung, der SED-Chefideologe Kurt Hager die Entscheidung fällte. Hager soll Anstoß an der Tatsache genommen haben, dass die Vergewaltigung gleich dreimal im Buch auftauchte und habe auch die Formulierung kritisiert, bei den Sowjetsoldaten sei das Tier durchgebrochen. Strittmatter hatte beim Gespräch mit Hager den Eindruck, dass dieser vor allem zögerte, weil er befürchtete, es würde Ärger mit der sowjetischen Botschaft geben.[124] Dennoch wurde der dritte Teil des Wundertäters, anders als in der fiktiven Romanhandlung, im Jahr 1980 veröffentlicht.

Auch fünf Jahre später, als Ursula Höntsch-Harendt den autobiografischen Roman »Wir Flüchtlingskinder« im Mitteldeutschen Verlag in Halle herausbrachte, war es ein Wagnis, die Vergewaltigungen anzusprechen. Die Autorin schilderte ihre Flucht aus Breslau und berichtete auch von Gewalttaten sowjetischer Soldaten: »Sie nahmen Rache. Für ihre zwanzig Millionen Toten, für die verbrannte Erde und die zerstörten

---

123 Erwin Strittmatter, Der Wundertäter, Dritter Band, Berlin/Weimar 1980, S. 579, 605.
124 Vgl. Erwin Strittmatter, Die Lage in den Lüften, Berlin 1996, S. 188f., 196.

Häuser. Die Leute von Emmendorf hatten die Rache gefürchtet, aber jeder hatte gehofft, ihn würde sie nicht treffen, denn keiner fühlte sich schuldig.«[125] Was genau geschah, schilderte die Autorin nicht, im Kontrast zu ihren an anderer Stelle sehr eindringlichen Schilderungen von Hunger, Erschöpfung, Mord, erfrorenen Säuglingen und Selbsttötungen. Diese Zurückhaltung kann als Indiz dafür angesehen werden, dass auch dieser Roman teilweise noch Grenzen des Sagbaren in der DDR respektierte. In diesem Sinne hat der Historiker Michael Schwartz auf »blinde oder undeutliche Flecken«, eine absichtliche Vermeidung bestimmter Tabubegriffe und die Verwendung des Euphemismus »Aussiedlung« hingewiesen.[126] Auch der Germanist Louis Ferdinand Helbig bemerkte zu dem Roman: »Tabus lassen sich anscheinend nie ganz abbauen«.[127]

Nichtsdestotrotz wurde das Buch vom Lesepublikum in der DDR in vieler Hinsicht als Tabubruch verstanden. Ein Leser bescheinigte der Autorin, das Buch sei »ein Wagnis in schriftstellerischer und politischer Hinsicht«, eine »ungewöhnliche Freiheit des Wortes«.[128] Diese Freiheit zeigte sich auch darin, dass Höntsch den Begriff des »Flüchtlings« und sogar den des »Vertriebenen« benutzte. Sie kritisierte zudem, dass in der DDR Schlesien stets als urslawisches Siedlungsgebiet bezeichnet würde, was die jahrhundertelange deutsche Geschichte dieser Region verleugnete. Damit kritisierte sie eine zentrale Tabuisierungsmethode, das »Regime der Halbwahrheiten«, bei dem das Mittel der Synekdoche zum Einsatz kam.[129]

Dieses Stilmittel, bei dem eine Teilwahrheit für das Ganze ausgegeben wird, war zentral in der Tabukommunikation zum Vertreibungsthema. So wurde in Romanen und Filmen nur die

125 Ursula Höntsch-Harendt, Wir Flüchtlingskinder, Halle 1985, S. 102.

126 Schwartz, Tabu und Erinnerung, S. 96.

127 Vgl. Louis Ferdinand Helbig, Der ungeheure Verlust. Flucht und Vertreibung in der deutschsprachigen Belletristik der Nachkriegszeit, Wiesbaden 31996, S. 201.

128 Rudolf Werner [Brief an die Autorin], 14.5.1986, in: Höntsch, Wir Flüchtlingskinder, S. 274–277, zit. 275.

129 Schwartz, Tabu und Erinnerung, S. 97.

Flucht thematisiert, die Vertreibung hingegen nicht.[130] Ein Paradebeispiel ist die außerordentlich erfolgreiche DDR-Fernsehserie »Wege übers Land«, die 1968 ausgestrahlt wurde. Hier wurde nur eine Fluchtgeschichte erzählt, die Vertreibungen wurden nicht erwähnt. Auch die etwa zur gleichen Zeit entstandene Erzählung »Der Hirt« von Erik Neutsch schilderte das mit der Flucht verbundene menschliche Leid und die Brutalität des Krieges. Neutsch wagte sogar, neben Gräueltaten der Deutschen auch sowjetische Tieffliegerangriffe auf Flüchtlingstrecks zu erwähnen. Aber auch er sprach nicht von Vertreibungen.[131]

In fast allen künstlerischen Gestaltungen des Themas wurden sowjetische Soldaten, in einem Akt absichtlicher Beschönigung, als gutmütig und hilfsbereit dargestellt. In »Wege übers Land« wurden die Leidensgeschichten vergewaltigter Frauen durch Tatsachenverdrehungen geradezu »ins Gegenteil verkehrt«: Soldaten der Roten Armee wurden als »Freund und Helfer dargestellt«, sie erschienen »menschlich, mitfühlend und zivilisiert«. »Als Gegenbild zu den Berichten von Vergewaltigungen« zeigte der Film, wie ein Rotarmist der Heldin ein Waisenkind in Obhut gab. So wurde aus einer gewalttätigen Handlung ein »Akt der Fürsorge«.[132]

Positive Klischees dienten auch in anderer Hinsicht dazu, heikle Themen kompatibel zu machen. So war die Darstellung der Integration der Flüchtlinge in den sozialistischen deutschen Teilstaat sowie deren Wandlung zu überzeugten Sozialisten ein häufiges Thema in Büchern und Filmen. Bereits der 1949 uraufgeführte Film »Die Brücke« inszenierte den »antifaschistischen Wunschtraum« einer gelungenen Integration und ließ die im Drehbuch vorgesehenen Bilder zur Vorgeschichte vollständig weg. »Die konkreten Vorgänge von Flucht und Vertreibung ebenso wie die Herkunftsgebiete der

130 Eine Ausnahme war Erwin Strittmatters Roman »Tinko« (1954), der die Vertreibung kurz erwähnte.

131 Vgl. Katja Hartleb, Flucht und Vertreibung. Ein Tabuthema in der DDR-Literatur? Marburg 2011, S. 64–74.

132 Tiews, Fluchtpunkt Film, S. 186.

Bundesarchiv, Bild 183-12439-0020, Hans-Günter Quaschinsky

Kulturkonferenz zum Monat der deutsch-sowjetischen Freundschaft, Ost-Berlin, 1951.

Umsiedler sollten nicht Teil eines öffentlichen Gesprächs werden«, erklärt Alina Laura Tiews den Grund für diese Zensur-Eingriffe.[133] Gleichermaßen zeigte der zweiteilige Film »Schlösser und Katen« von 1957 die Vertreibung nicht, machte jedoch immerhin dadurch, dass die älteren aus Ostpreußen stammenden »Umsiedler« ihren Dialekt sprachen, auf den Heimatverlust aufmerksam.[134] Die Fernsehserie »Märkische Chronik« (1983) wiederum zeigte in ihrer zehnten Folge die Ankunft eines Flüchtlingstrecks in einem märkischen Dorf, mehr nicht.

133 Tiews, Fluchtpunkt Film, S. 77.
134 Vgl. Tiews, Fluchtpunkt Film, S. 136.

»Damit legt ›Märkische Chronik‹ den Fokus auf Neubeginn und Ansiedlung, nicht auf Gewalterfahrung«, erläutert Tiews.[135]

Man kann in dem Plot dieser Filme eine indirekte Tabuisierungsstrategie sehen. Indem sie die Betonung auf die Integrationsgeschichte legten, konnten unerwünschte Wahrheiten vermieden und der Kern des Tabus geschützt werden. Dafür, dass es sich hier um eine aktive Tabuisierung handelte, spricht der Umstand, dass das Thema von Flucht und Vertreibung in den Drehbüchern oft präsent war und dann im Film bis auf wenige Andeutungen weggelassen wurde. Das war auch bei dem Film »Daniel Druskat« aus dem Jahr 1976 so. Zahlreiche Darstellungen zur »Vertriebenenproblematik, die das Drehbuch enthalten hatte, wurden für den Film gestrichen«.[136]

Zur Tabuisierung gehörte auch, dass die SED Flucht und Vertreibung auf vereinfachte Weise mit der NS-Vergangenheit verknüpfte. Dass jene, die zu Opfern der Vertreibungspolitik wurden, nicht mit jenen identisch waren, die für die Verbrechen des NS-Regimes verantwortlich waren bzw. diese begangen hatten, konnte in der DDR nicht offen gesagt werden. Stattdessen wurde etwa in der Fernsehserie »Wege übers Land« ein Plot konstruiert, in dem die aus der Nähe von Berlin stammende Heldin zunächst während der NS-Herrschaft einen polnischen Hof übernahm, dessen Besitzer vertrieben wurden, bevor sie dann zu Kriegsende selbst flüchten musste.

Bei der Behandlung des Themas bedienten sich Autoren und Filmemacher der DDR häufig des Mittels der Auslagerung. Jene, die auf die schweren Menschenrechtsverletzungen während der Vertreibung aufmerksam machten und eine Rückkehr in die Heimat forderten, lebten im Westen und waren »Revanchisten«.[137] Die Dokumentarfilme »Der Präsident im Exil« (1969) und »Der Mann ohne Vergangenheit« (1970) unterstützten diese Deutung. Der eine enthüllte die

135 Tiews, Fluchtpunkt Film, S. 299.
136 Tiews, Fluchtpunkt Film, S. 228.
137 Vgl. Wilhelm Girnus, Die Marschroute des Neofaschismus, in: Neues Deutschland, 3.3.1950, S.2.

NS-Vergangenheit eines Vertriebenen-Funktionärs, der andere rückte die Ideen eines jüngeren »Revanchisten« in den Fokus. Zwar stimmt es, dass sich in der DDR mehr Vertriebene mit der Unveränderlichkeit der Oder-Neiße-Grenze abfanden als im Westen. Aber bei einer Umfrage im Jahr 1965 wollten immer noch 22 Prozent der in der DDR lebenden »ehemaligen Umsiedler« eine Wiederherstellung der Grenzen von 1937.[138] Diese unbequeme Wahrheit wurde durch Versuche der Auslagerung verdrängt.

Das Vertreibungs-Tabu war im Übrigen nicht nur eine sprachliche Realität, sondern auch in materieller Hinsicht bedeutsam. Aus dem Tabu folgte zum einen, so Heike Amos, ein »gewollter Politikverzicht«. Denn mit der Tabuisierung der Vertriebenenfrage war auch die Beendigung besonderer materieller Mittel für Flüchtlinge sowie ein Ausbleiben eines »Lastenausgleichs« in der DDR verbunden. Zum anderen hatte die Aufrechterhaltung des Tabus auch wirtschaftliche Gründe. Für die DDR waren gute wirtschaftliche Beziehungen zu den östlichen Nachbarn wichtig.[139]

Erst im Zuge von Glasnost und Perestroika in der Sowjetunion lockerte die SED das Tabu etwas.[140] Eine Infragestellung der Vertreibung, wie sie in westdeutschen Vertriebenenverbänden üblich war, blieb in der DDR aber auch weiterhin unmöglich. Und immer noch wurden Grenzen des Sagbaren durchgesetzt. So erhielt der Dokumentarfilm »Umsiedler '45. Versuch eines filmischen Protokolls« des Filmemachers Thomas Grimm im Jahr 1986 Veröffentlichungsverbot.

138 Vgl. Michael Schwartz, »Vom Umsiedler zum Staatsbürger«. Totalitäres und Subversives in der Sprachpolitik der DDR, in: Dierk Hoffmann (Hg.), Vertriebene in Deutschland. Interdisziplinäre Ergebnisse und Forschungsperspektiven, München 2000, S. 161.

139 Amos, Vertriebenenpolitik, S. 22.

140 Vgl. Amos, Vertriebenenpolitik, S. 248.

Tabuthema Volksaufstand

Der Volksaufstand vom 17. Juni 1953 erschütterte die noch junge DDR und brachte sie vorübergehend an den Rand ihrer Existenz. Beginnend mit Streiks von Bauarbeitern in der Ost-Berliner Stalinallee am 15. Juni, kam es zwei Tage später zu Streiks und Protesten in 700 Städten und Gemeinden. Insgesamt beteiligten sich bis zu eine Million Menschen an dem Aufstand. Mit Streiks und Demonstrationen unterstrichen die Beteiligten ihre politischen und sozialen Forderungen. Zum einen ging es um die Rücknahme einer von der SED angeordneten Normerhöhung für alle Produktionsarbeiter und die Senkung der Preise in den staatlichen Verkaufsstellen, zum anderen wurde auch die Legitimität der SED in Frage gestellt. Es kam zu Angriffen auf SED-Sichtpropaganda und auf Gebäude der Staatsmacht. Auf Großkundgebungen wurden Protestresolutionen verabschiedet. 70 Haftorte wurden belagert, und an 27 Orten gelang die Befreiung von etwa 1500 Gefangenen.

Noch am gleichen Tag griffen sowjetische Soldaten ein und beendeten den Aufstand, dessen Niederschlagung ein doppeltes Trauma hinterließ. Zum einen war das Scheitern des Aufstands für viele Beteiligte und Sympathisanten eine traumatische Erfahrung. Mindestens 72 Menschen kamen zu Tode, Hunderte wurden verletzt, etwa 15000 Beteiligte verhaftet und die »Rädelsführer« zu harten Gefängnisstrafen verurteilt, einige sogar zum Tode. Die bittere Lehre, die Beteiligte und Beobachter daraus zogen, war die, dass offener Widerstand in der DDR aussichtslos war.

Zum anderen traumatisierte der Aufstand auch die SED-Führung, der bewusst wurde, dass die Arbeiter, deren Interessen sie zu vertreten vorgab, nicht geschlossen hinter ihr standen. Da Propaganda nur mäßig erfolgreich gewesen war,

Bundesarchiv, Bild F005192-0001, Richard Perlia

Sowjetischer Panzer auf der Leipziger Straße in Ost-Berlin, 17. Juni 1953.

sollten nun materielle Argumente die Werktätigen überzeugen. Daher markierte der 17. Juni 1953 den Beginn eines »Sozialvertrags« der DDR: Die SED sorgte für materielle Sicherheit und Konsumgüter, verlangte dafür aber politische Konformität. Walter Ulbricht, der weiterhin an der Spitze der SED stand, konsolidiert seine Macht und sorgte dafür, dass eine wahrheitswidrige Deutung des Aufstands als »faschistischer Putschversuch« durchgesetzt wurde. Auf diese Weise wurde jegliche Diskussion über die tatsächlichen Ursachen, Motive und Akteure des 17. Juni unterbunden. Das Thema wurde zu einem politischen Tabu.

»Die Möglichkeiten für einen öffentlichen literarischen Diskurs zum Topos ›17. Juni 1953‹ waren in der DDR stark eingeschränkt«, so der Literaturwissenschaftler Matthias Braun, »da der gesamte Literaturbetrieb durch das Macht- und Wahrheitsmonopol des SED-Apparates bestimmt wurde.«[141] Heikel war für die SED vor allem die Deutung des Aufstandes. Mit der Umdeutung in einen faschistischen Putsch sollten die wahren Beweggründe der Demonstranten und die Dynamik der Unruhen verschleiert werden. Immerhin erschienen in der DDR zwei Romane, in denen der 17. Juni 1953 sowie dessen Vorgeschichte zum Thema gemacht wurde, aber beide, »Am Morgen ist der Tag ein Kind« (1957) von Inge von Wangenheim sowie »Das Vertrauen« (1968) von Anna Seghers, waren mehr oder weniger Illustrationen der SED-Version des Aufstands eines durch Faschisten und Konterrevolutionäre angestifteten Putschversuch. Gleiches gilt auch für die Erzählung »Die Kommandeuse« (1954) von Stephan Hermlin, die lediglich einen propagandistischen Zeitungsartikel verarbeitete, der mit den tatsächlichen Ereignissen wenig zu tun hatte. Hermlins Text stellte eine frühere KZ-Aufseherin als Rädelsführerin des Aufstands dar, die in Wirklichkeit keine Rolle bei den Protesten gespielt hatte und deren Biografie zweifelhaft war.

Mit den ideologisch »korrekten«, oft schablonenhaften Darstellungen ging das Verschweigen unangenehmer Wahrheiten einher. Zu den Realitäten des Aufstands von 1953, die nicht erwähnt wurden, gehörte, dass der von Moskauer Kommunisten angeordnete Neue Kurs der SED in den Tagen vor dem Aufstand einen Zustand der Unsicherheit und Verwirrung geschaffen hatte; dass der Aufstand als spontaner Arbeiteraufstand begonnen hatte; dass wirtschaftliche Forderungen eine zentrale Rolle gespielt hatten; dass Streiks und Demonstrationen am 17. Juni nicht nur in Berlin, sondern in zahlreichen Städten und Dörfern stattgefunden hatten; dass die Macht der SED nur mit sowjetischen Panzern wiederhergestellt werden konnte und dass die Westmächte und die westdeutsche Regierung

141 Matthias Braun, Der 17. Juni 1953 in der Prosaliteratur in der DDR, in: Carsten Gansel (Hg.), Gedächtnis und Literatur in den »geschlossenen Gesellschaften« des Real-Sozialismus zwischen 1945 und 1989, Göttingen 2007, S. 107–120, zit. 108, 120.

keineswegs Drahtzieher waren, sondern abgewartet und sogar versucht hatten, die Situation zu deeskalieren. Dies alles stand im Gegensatz zur kommunistischen Propaganda, die erklärte, dass der 17. Juni als der lang erwartete »Tag X« einer kapitalistischen Machtübernahme begrüßt worden sei.

All diese den Kern des Tabus ausmachenden Tatsachen waren für den »Arbeiter- und Bauernstaat« der DDR peinliche Wahrheiten. Autoren, die sich um eine realistische Darstellung des Aufstands und seiner Niederschlagung bemühten, konnten ihre Werke nicht in der DDR publizieren. So der Roman »5 Tage im Juni« von Stefan Heym, der wiederholt von der Zensur zurückgewiesen wurde und im Jahr 1974 nur in der Bundesrepublik erscheinen konnte. Und das, obwohl auch bei Heym Konterrevolutionäre und Faschisten auftraten. Das Beispiel unterstreicht, dass auch nach der Honecker-Rede von 1971 viele Tabus aufrechterhalten wurden.

Die Verbote betrafen nicht nur jene, die das Tabu offensichtlich brachen, sie betrafen auch jene, die sich sehr eng an die Vorgaben der SED hielten und nur in bestimmten Details auf einen gewissen Realismus Wert legten. Das bekam der Schriftsteller Erik Neutsch zu spüren, der in seinem Roman »Auf der Suche nach Gatt« (1973) den Aufstand geschildert hatte. Zensoren des Ministeriums für Kultur beanstandeten, dass in Neutschs Manuskript der Eindruck erweckt worden sei, die Proteste seien durch Unzufriedenheit der DDR-Bevölkerung, beispielsweise durch Preiserhöhungen, hervorgerufen und nicht durch westliche Agenten oder Faschisten angestiftet worden.[142]

Ein Beispiel für eine filmische Umsetzung der von der SED geforderten Strategie der Auslagerung findet sich in dem zweiteiligen Film »Schlösser und Katen« von 1957. Hier wurde der ehemalige Gutsverwalter des Dorfes, in dem der Film spielte, als kapitalistischer Anführer der Revolte dargestellt, der nicht

142 Vgl. Millington, Limits of Control, S. 52.

Bundesarchiv, Bild F065142-0001, Peter Cürlis

Tumulte am Potsdamer Platz in Ost-Berlin, 17. Juni 1953.

nur die Interessen der Großbauern vertrat, sondern sich auch als Verbrecher entpuppte, der die LPG-Vorsitzende, eine Vertriebene, ermordete.[143]

Solche ideologischen Klischees wurden von Zuschauern und Lesern als Signal dafür wahrgenommen, dass es sich um ein Tabuthema handelte, über das man jenseits der verordneten Sprachschablonen nicht öffentlich reden konnte. Zu groß waren die Unterschiede von privaten Erzählungen und der offiziellen Version. Der Aufstand von 1953, erinnerte sich ein Zeitzeuge, »wurde immer als versuchter faschistischer Putsch dargestellt, und jeder wusste, dass das nicht stimmte. Deshalb haben wir in der Öffentlichkeit nicht darüber gesprochen«.[144]

143 Vgl. Tiews, Fluchtpunkt Film, S. 133.

144 Richard Millington, State, Society and Memories of the Uprising of 17 June 1953 in the GDR, Basingstoke 2014, S. 124.

Gleichermaßen erzeugte die Art und Weise, wie das Thema im Schulunterricht kommuniziert wurde, bei vielen Schülern den Eindruck, es handele sich um ein Tabu. Dadurch, dass die Lehrer stets kurz angebunden waren, den 17. Juni in wenigen apodiktischen Sätzen abhandelten und keine Diskussion zuließen, gaben sie zu verstehen, dass es sich um ein heikles Thema handelte.

Tabuthema Selbsttötung

Dass der Tod durch eigene Hand in der DDR ein heikles Thema war, ergab sich allein schon daraus, dass die DDR eine der höchsten Selbsttötungsraten der Welt hatte. Im ersten Statistischen Jahrbuch der DDR, das im Jahr 1956 herausgegeben wurde, zeigte sich allerdings, dass es nach sehr hohen Selbsttötungsraten in der unmittelbaren Nachkriegszeit zu einem Rückgang von etwa 25 Prozent gekommen war. Das nährte bei den SED-Funktionären die Hoffnung, dass der Aufbau des Sozialismus dafür sorgen würde, dass sich immer weniger Menschen aus Verzweiflung das Leben nehmen würden. Zudem zeigten Langzeitstudien, dass die hohe Selbsttötungsrate ein vergleichsweise altes und regionales Phänomen war. Bereits im 19. Jahrhundert wurden insbesondere in Sachsen und Thüringen vergleichsweise hohe Selbsttötungsraten registriert. Offenbar hatte die DDR das Problem der hohen Neigung zu Selbsttötungen nur »geerbt«.

Als es jedoch im Zuge des Mauerbaus Anfang der 1960er-Jahre zu einem erneuten Anstieg der Selbsttötungsrate kam, zog die SED-Führung die Notbremse und verbot die Veröffentlichungen der DDR-Suizidstatistik. Zwar betrug der Anstieg nur etwa zehn Prozent und rechtfertigte damit nicht westdeutsche Propagandastimmen, die von einer »Selbstmordepidemie« im Osten sprachen. Dennoch sah die SED-Führung in der steigenden Neigung zu Selbsttötungen einen möglichen Angriffspunkt des »Klassenfeinds«.

Die Tabu-Politik der SED, die nicht nur bei diesem Thema darin bestand, schwierige Probleme zu verdrängen, setzte sich in den folgenden Jahrzehnten ungebrochen fort, selbst in Phasen wie Ende der 1960er- und Ende der 1980er-Jahre, als die Selbsttötungsrate sank.

Damit verhinderte die SED-Führung nicht nur eine öffentliche Diskussion über die Selbsttötungsrate, sie legte auch der medizinischen Forschung strenge Vorschriften auf. Psychiater und Sozialwissenschaftler konnten ihre Studien nicht veröffentlichen, wenn sie konkrete Zahlen enthielten. Folglich war eine offene Debatte über das Suizidproblem fast unmöglich. Neben der Verschleierung statistischer Daten wurden durch politische Konflikte motivierte Selbsttötungen vertuscht. Zum Beispiel legte die SED angesichts des Todes von Funktionären wie Willi Kreikemeyer (1950), Vincenz Müller (1961), Anton Ackermann (1973) und Siegfried Böhm (1980) die wahre Todesursache nicht offen, um provokative Fragen und kritische Diskussionen zu vermeiden (obwohl die letzten beiden Selbsttötungen hauptsächlich durch private Konflikte motiviert waren).

Ebenso wie Journalisten waren auch Schriftsteller strengen Einschränkungen ausgesetzt.

Ein Beispiel für Literaturzensur ist Brigitte Reimanns Roman »Franziska Linkerhand« (1974), in dem die Autorin das Thema Suizid ansprach. Die veröffentlichte Version des Romans hinterlässt den Eindruck, als habe sie das nur in Andeutungen getan. Das Originalmanuskript enthielt jedoch viel eindeutigere, direkte Passagen, in denen auch die Suizidrate erwähnt wurde. Diese sind, wie wir heute wissen, während des Zensurprozesses aus dem Text entfernt worden.[145]

Andere literarische Texte, die Selbsttötungen in Verbindung mit politischen Faktoren diskutieren wollten, konnten in der DDR überhaupt nicht publiziert werden. Kurzgeschichten wie Thomas Braschs Erzählung von einem Studenten, der nach Relegierung von der Universität aufgrund eines gescheiterten Fluchtversuchs Suizid begangen hatte, oder Jürgen Fuchs' Kurztext über Reaktionen auf den Suizid eines Soldaten wurden verboten. Der Student Siegfried Reiprich, der Fuchs' Text an der Universität Jena verteidigte, wurde 1975 aus der Freien

145 Vgl. Udo Grashoff, »In einem Anfall von Depression...« Selbsttötungen in der DDR, Berlin 2006, S. 450.

Deutschen Jugend ausgeschlossen und musste sein Studium abbrechen.[146]

Das Verschweigen der Selbsttötungsrate und von Suiziden mit politischen Auswirkungen war jedoch nie vollständig. Anders als die angeführten Beispiele wurden einige Selbsttötungen hochrangiger Politiker in offiziellen Zeitungsberichten erwähnt. In Theaterstücken und Literatur wurde der Tod durch eigene Hand in den 1970er-Jahren ein häufiges Thema. Auch im fachmedizinischen Diskurs war zeitweise viel von Suizidalität die Rede. 1968 plante das DDR-Gesundheitsministerium sogar die Einrichtung von Suizidpräventionszentren, was ein gewisses Maß an Publizität erforderte.

Das Verschweigen war somit auf einen von der SED definierten Kern beschränkt. Man mag sich fragen, warum die SED das Thema nicht komplett unterdrückte. Der Hauptgrund scheint gewesen zu sein, dass das Thema mit bis zu 6.000 Selbsttötungen pro Jahr einfach zu massiv war, um völlig vertuscht zu werden.

Zu den sprachlichen Mitteln außerhalb des Tabu-Kerns gehörte die Strategie der *De-Kontextualisierung*. Diese kam insbesondere dann zum Einsatz, wenn Selbsttötungen durch politische Konflikte verursacht wurden. Anstatt die wahren Gründe anzusprechen, die (soweit bekannt) zu einem Suizid führten, präsentierte die SED diese Todesfälle als Folge einer Krankheit. Als sich der Wirtschafts-Sekretär des Zentralkomitees der SED, Gerhart Ziller, Ende 1957 das Leben nahm, hieß es in der offiziellen Meldung, er sei »in einem Anfall von Depression« aus dem Leben geschieden.[147] Tatsächlich hatte er das getan, nachdem er bei einem Trinkgelage heftige Kritik an Parteichef Walter Ulbricht geübt hatte. Ein Stasi-Offizier hatte das weitergemeldet. Ziller hatte sich erschossen, nachdem ihn Ulbricht in einer Sitzung mit dem Vorwurf konfrontiert hatte, sich an einer Intrige gegen ihn beteiligt zu haben.

---

146 Vgl. ebd., S. 337f.

147 Vgl. Neues Deutschland vom 15. Dezember 1957, S. 2.

Bundesarchiv,
Bild 183-B0612-0001--002 / Heinz

Bundesarchiv,
Bild 183-46479-0001 / CC-BY-SA 3.0

Erich Apel und Gerhart Ziller – zwei SED-Funktionäre, die sich im Zuge politischer Machtkämpfe das Leben nahmen.

In ähnlicher Weise behauptete die SED im Jahr 1965, als sich der Leiter der staatlichen Plankommission, Erich Apel, das Leben nahm, dieser sei krank gewesen. »Kreislaufstörungen« sowie »nervliche Überbelastung« hätten zu einem »plötzlichen Nervenzusammenbruch« geführt, woraufhin Apel in einer »Kurzschlussreaktion« aus dem Leben geschieden sei. Tatsächlich hatte es zuvor Konflikte hinsichtlich der Konditionen eines Handelsvertrages mit der Sowjetunion gegeben. Zudem war Apel auch als Verfechter des Neuen Ökonomischen Systems in die Kritik von Hardlinern wie Erich Honecker geraten. Mit der Pathologisierung seines Todes sollten diese politischen Konflikte vertuscht werden.[148]

Eine weitere gängige Strategie der SED im Umgang mit Suizid waren *indirekte Anspielungen*, um Tabuthemen zu kommunizieren. Offizielle Nachrufe verheimlichten häufig den Suizid und enthielten nur Umschreibungen wie »plötzlich und unerwartet verstorben«. Im Nachruf auf Anton Ackermann, einst Angehöriger der »Gruppe Ulbricht« und langjähriges

148 Vgl. Grashoff, In einem Anfall, S. 111–114.

ZK-Mitglied, sprach das »Neue Deutschland« von einem Tod »nach langer, schwerer Krankheit«. Das war nicht falsch, verschwieg aber, dass sich der Schwerkranke am 4. Mai 1973 im Regierungskrankenhaus erschossen hatte.[149] Als Siegfried Böhm, Mitglied des ZK der SED und Minister der Finanzen der DDR, im Jahr 1980 ums Leben kam, meldete das ND, er sei »an den Folgen eines Unglücksfalles« gestorben.[150] Auch das war nicht völlig falsch. In Wirklichkeit wurde Böhm von seiner Frau erschossen, die sich danach selbst das Leben nahm. Es handelte sich also beim Tod des Finanzministers um einen Mord im Kontext eines »Mitnahme-Suizids«.

Bevor Selbsttötung in den 1970er-Jahren ein häufiges Thema in der DDR-Literatur wurde, verwendeten Schriftsteller oft nur vage Andeutungen, insbesondere, wenn politische Faktoren eine Rolle spielten. Ein prominentes Beispiel ist die Schriftstellerin Christa Wolf, die in ihren Romanen »Der geteilte Himmel« und »Nachdenken über Christa T.« sehr vorsichtig historische Ereignisse wie den Aufstand vom 17. Juni 1953 und den Bau der Berliner Mauer im Jahr 1961 mit Suizidtendenzen ihrer Heldinnen in Verbindung brachte.

Auch das Mittel der *Synekdoche*, also der Substitution des Ganzen durch einen Teil, wurde verwendet, um Selbsttötungen zu entpolitisieren. Das Erzählen von Halbwahrheiten kann beispielsweise bei der Erinnerung an die Selbsttötungswelle am Ende des Zweiten Weltkriegs beobachtet werden. Die im Jahr 1945 insbesondere während des Vormarsches der Roten Armee geschehenen Massensuizide wurden in der DDR nur in reduzierter Form erwähnt. Der Dokumentarfilmer Karl Gass beispielsweise zeigte in »Das Jahr 1945« Bilder von toten Frauen auf Parkbänken, präsentierte diese Selbsttötungen jedoch als verzweifelte Taten fanatischer Nazi-Anhänger. In Wirklichkeit nahmen sich aber auch Tausende ostdeutscher Frauen das Leben, nachdem sie von sowjetischen Soldaten vergewaltigt und

149 Vgl. Neues Deutschland vom 5. Mai 1973, S. 2.
150 Vgl. Neues Deutschland vom 6. Mai 1980, S. 2.

Wikimedia, Toniklemm

Sowjetisches Ehrenmal in Ost-Berlin (Treptow), 2022.

gefoltert worden waren, oder aus Angst vor solchen Gewalttaten.[151] Aufgrund der vorgeschriebenen »Freundschaft« zur Sowjetunion war es nahezu unmöglich, das zu erwähnen.[152]

Das bekam der Historiker Dieter Krüger zu spüren. Er war selbst Überlebender eines kollektiven Selbsttötungsversuches im Jahr 1945 und forschte deshalb Anfang der 1980er-Jahre zu diesem Thema. Er fand heraus, dass es in seiner Heimatstadt Neubrandenburg im April 1945 zwei Selbsttötungswellen gegeben hatte. Eine erste Welle von Selbsttötungen hatte in den Tagen vor dem Eintreffen der Roten Armee stattgefunden. Vermutlich geschah dies aus Angst vor möglichen Verbrechen, in manchen Fällen auch im Bewusstsein der eigenen Verstrickung in das NS-Terrorsystem. Unmittelbar nach dem Einmarsch der sowjetischen Truppen hatten sich als direkte Reaktion auf massive Plünderungen und Vergewaltigungen Hunderte Einwohner, darunter viele Frauen, das Leben genommen. Der Sekretär für Agitation und Propaganda der SED-Bezirksleitung Neubrandenburg, dem Krüger seine Studie im Jahr 1984 vorlegte, stritt das energisch ab und erteilte dem Autor Vortragsverbot.[153]

Halbwahrheiten prägten auch die offiziellen Berichte während der erzwungenen Kollektivierung der ostdeutschen Landwirtschaft im Frühjahr 1960, wenn es um Verzweiflungstaten enteigneter Bauern ging. Im Bezirk Karl-Marx-Stadt (Chemnitz) gab es mehrere Selbsttötungen, die mehr oder weniger direkt durch die Kollektivierungskampagne verursacht wurden. Kriminalisierung und Psychoterror gegen Privatbauern seitens der SED wirkten hier. Die dazu verfassten Berichte führten die Suizidursache aber stets nur auf private Konflikte und Krankheiten zurück. In einem Fall beschuldigte der offizielle Bericht

151 Vgl. Gerhard Schmidt, Über den Selbstmord als Katastrophenreaktion, in: Bibliotheca psychiatrica neurologica (1968), Nr. 137, S. 84–90.

152 Eine der wenigen Ausnahmen bildete der Roman »Der grüne Salon« von Margarete Neumann. Vgl. Margarete Neumann, Brief vom 25. Januar 1993 aus Tunesien, in: Zipser (Hg.), Fragebogen, S. 241–244.

153 Vgl. Dieter Krüger, 1945. Das Kriegsende in Neubrandenburg und im Kreis Mecklenburg-Strelitz, in: Neubrandenburger Mosaik (1994), Nr. 18, S. 129–184.

die Frau eines Bauern, an der Verzweiflungstat ihres Mannes schuldig zu sein, weil sie sich gegen den Beitritt zur LPG ausgesprochen hätte. Das Streitgespräch mit seiner Frau war aber bestenfalls der Auslöser für den Entschluss gewesen, sich das Leben zu nehmen, und nicht dessen tiefere Ursache.[154]

Auch die Strategie der *Auslagerung* sollte gesellschaftliche Ursachen für suizidale Handlungen verschleiern. Während des Kalten Krieges spielte diese Strategie eine Rolle bei den Entscheidungen der SED, ob ein Suizid in der Öffentlichkeit diskutiert werden konnte oder nicht. Ein prominenter Fall war die Selbsttötung des ostdeutschen Historikers Willy Flach, der sich nach seiner Flucht nach Westdeutschland im Jahr 1958 das Leben genommen hatte. Die SED veranstaltete eine Propagandakampagne mit Zeitungsartikeln und großen Plakaten, auf denen fälschlicherweise westdeutsche Agenten beschuldigt wurden, für den Tod des Historikers verantwortlich zu sein.[155] Auch in der Literatur wurden Darstellungen von Selbsttötungen auf diese Weise kompatibel. So schilderte die Erzählung »Katja« von Hedda Zinner eine suizidale Handlung der Protagonistin, für welche sie den materiell eingestellten Ehemann, den »Kapitalisten« in der Familie, verantwortlich machte.[156]

Eine ähnliche Strategie war die der *Substitution,* bei der Fakten in ihr Gegenteil verkehrt wurden. Ein Beispiel ist ein denunzierender Artikel, der im SED-Zentralorgan »Neues Deutschland« nach der politisch motivierten Selbstverbrennung des evangelischen Pfarrers Oskar Brüsewitz im August 1976 veröffentlicht wurde. Der Artikel versuchte nicht nur, den Pfarrer als geistig gestörten Mann darzustellen. Der Journalist beschuldigte sogar die Bundesrepublik (wo Brüsewitz‹ politische Protestaktion in den Medien viel Beachtung fand), eine

154 Vgl. Grashoff, In einem Anfall, S. 361–363.
155 Vgl. ebd., S. 204f.
156 Vgl. Lembach, Selbstmord, S. 184.

Wikimedia, Dr. Benedikt Vallendar

Gedenktafel für Oskar Brüsewitz vor der Michaeliskirche in Zeitz, 2019.

der höchsten Suizidraten der Welt zu haben.[157] Die Behauptung war das genaue Gegenteil dessen, was die (geheim gehaltenen) Statistiken zeigten. Denn die Selbsttötungsrate der DDR überstieg die der Bundesrepublik durchgehend um etwa 50 Prozent.

Selbst hinter verschlossenen Türen wurden die Tatsachen verdreht, wenn es um die Selbsttötungsrate ging. So geschah es im Jahr 1978, als der Militärmediziner Bernd-Joachim Gestewitz seine Dissertation zum Thema »Zur Erkennung, Behandlung und militärmedizinischen Begutachtung selbstmordgefährdeter Armeeangehöriger« an der Universität Greifswald

157 Vgl. Udo Grashoff, Wie ein Blitzschlag in der »hochelektrisch geladenen Atmosphäre eins totalitären Systems«? Zum 30. Jahrestag der Selbstverbrennung von Oskar Brüsewitz in Zeitz, in: Deutschland Archiv 39 (2006) 4, S. 619–628.

einreichte. Diese Arbeit, im Übrigen die einzige Forschungsarbeit zu Selbsttötungen in der Nationalen Volksarmee der DDR, wurde sofort mit dem Geheimhaltungsgrad »Vertrauliche Verschlusssache« versehen und im »Giftschrank« deponiert. Trotzdem glaubte Gestewitz, selbst gegenüber den wenigen privilegierten Lesern der Arbeit mittels Zahlenverwirrung den Eindruck erwecken zu müssen, dass »die gesellschaftliche Entwicklung in der DDR wohl eher einen positiven Einfluss auf das Selbstmordgeschehen genommen haben muss«. Unter Heranziehung der Zahlen, die ihm bekannt waren, hätte Gestewitz einen Anstieg der Selbsttötungsrate der DDR konstatieren müssen. Stattdessen behauptete er – weil nicht sein kann, was nicht sein darf – wahrheitswidrig das Gegenteil. Diese Begebenheit verdeutlicht die Tiefenwirkung der SED-Diktatur, die ein kommunikatives Klima schuf, in dem das Benennen unangenehmer Wahrheiten selbst im Kernbereich der politischen Macht vermieden wurde.

Literatur als Ersatzöffentlichkeit

Im »Leseland DDR« hatte die Literatur eine gewisse Sonderstellung. Während in der von der SED kontrollierten Tagespresse, im Rundfunk und im Fernsehen sehr strenge Regeln galten, war in den Theatern, Kabaretts, Kunstausstellungen und vor allem in der DDR-Literatur mehr möglich. In Romanen, Gedichten und Dramen konnten Autoren Probleme ansprechen, die in streng kontrollierten Medien wie Zeitungen oder Lehrbüchern nicht diskutiert werden durften. Schriftsteller hatten etwas mehr Handlungsspielraum als Filmemacher, was die Literatur zu einem Ort der Erweiterung des Sagbaren machte. Die DDR-Literatur hatte eine spezifische Ventilfunktion und stellte eine »Ersatzöffentlichkeit« dar.

Das zeigte sich zum Beispiel beim Umgang mit dem 17. Juni 1953. So war für Journalisten bereits die Erwähnung des historischen Datums verboten. In der Literatur galt dieses Benennungsverbot nicht, so dass etwa Hermann Kant in seinem 1971 publizierten Roman »Das Impressum« das Datum gleich mehrfach erwähnen konnte. Und selbst in Fällen, wo das Datum umschrieben wurde, ist fragwürdig, ob es sich um Tabusprache handelte. Wenn etwa Eduard Claudius in seinem Roman »Von der Liebe soll man nicht nur sprechen« (1957) nur andeutungsweise von »jenem Morgen, da auf den Wiesen der Streik ausbrach – in den Städten war auch was los, was man im ersten Moment nicht zu übersehen vermochte« sprach, kann das als Ausdruck vorsichtiger Zurückhaltung verstanden werden.[158] Zugleich aber erscheint diese distanzierte Sicht aus der Perspektive des Romans, der auf dem Dorf spielt, völlig passend.

158 Eduard Claudius, Von der Liebe soll man nicht nur sprechen, Berlin 1957, S. 506.

Bundesarchiv, Bild 183-R0317-0129, Wolfgang Kluge

Auch in der Sowjetunion wurden in der Literatur heikle Themen wie Verrat und Doppelmoral verhandelt, so durch den Schriftsteller Juri Trifonow, hier im Podiumsgespräch auf der Leipziger Buchmesse, 1976.

Die etwas größere Freiheit, die Schriftsteller hinsichtlich der Grenzen des Tabukerns hatten, zeigte sich auch darin, dass sie bisweilen Dinge sagen konnten, die über die offizielle Version hinausgingen. Auch dafür ist der 17. Juni 1953 ein Beispiel. So schilderten Schriftsteller die geografische Ausdehnung der Proteste (die von der SED heruntergespielt worden war). In mehreren Texten traten neben faschistischen Provokateuren auch Protestierende auf, die vor allem wegen der Normerhöhung streikten. In diesem Sinne bemerkte Hermann Kant in seinem Roman »Das Impressum« über die Demonstranten in Berlin: »...das schlimmste an ihren Gesichtern war, dass nicht alle die des Feindes waren.«[159] Solche Nuancen stellten jedoch nie das Dogma, dass es sich um einen von »Faschisten« oder »Konterrevolutionären« angezettelten Putschversuch

159 Hermann Kant, Das Impressum, Berlin 1972, S. 210.

handelte, in Frage. Niemand in der DDR nannte das Ereignis »Aufstand der Arbeiter« oder gar »Volksaufstand«.[160]

Auch das Thema des Verrats im kommunistischen Widerstand wurde in Literatur und Filmen der DDR wirklichkeitsnäher dargestellt als in der Geschichtsschreibung. Eine differenzierte Darstellung bot zum Beispiel der Film »Einer von uns« (1960), der das Schicksal des Arbeitersportlers Werner Seelenbinder darstellte. Hier trat ein widerwilliger »Verräter« auf, der von der Gestapo zum Verrat gezwungen worden war, und der im Fall von Seelenbinder standhaft blieb und diesen nicht preisgab.

Noch mehr Nuancen enthielt der autobiografische Roman von Friedrich Schlotterbeck »Je dunkler die Nacht, desto heller die Sterne«. Der aus Württemberg stammende Kommunist hatte das Buch, in dem er seine zum Schein erfolgte Verpflichtung als V-Mann der Gestapo schilderte, erstmals kurz nach Kriegsende in Zürich publiziert. Nach seiner Übersiedlung in die DDR handelte er sich damit großen Ärger ein. Im Februar 1951 wurde er mit der Begründung aus der SED ausgeschlossen, dass aus seinem Roman eindeutig hervorginge, dass »er sich als V.-Mann betätigt hat«.[161] Der Parteibeschluss forderte zudem, das Buch einzustampfen. Als der Roman ein Jahr später immer noch nicht aus allen Bibliotheken entfernt war, wetterte Herta Geffke von der Zentralen Parteikontrollkommission, dieses Buch sei »kein erzieherisches Buch für unsere Jugend« – da man daraus doch nur den Schluss ziehen könne, dass es richtig sei, »sich den Feinden der Arbeiterklasse gegenüber in bestimmten Situationen als Spitzel zu verpflichten«.[162] Anfang 1954 wurde Schlotterbeck dann sogar zu einer Haftstrafe verurteilt, wobei das Gericht jedoch seine vermeintliche Gestapo-Tätigkeit als Anklagepunkt fallen ließ. Als das Buch dann 1967, gut zehn Jahre nach Schlotterbecks Rehabilitierung, im Mitteldeutschen Verlag neu verlegt wurde,

160 Vgl. Millington, Limits of Control, S. 50.

161 ZPKK, Sitzung 15.2.1951, 22.2.1951 (Abschrift) (BArch, MfS, AU 309/54, Bd. 6, Bl. 31).

162 Herta Geffke an die Bibliothek der ZPKK, 2.10.1952 (SAPMO-BArch, DY30/IV 2/4/119, Bl. 22).

blieben die heiklen Stellen unverändert. Bei dem von Gerhard Wolf durchgeführten Lektorat ging es nur darum, »die psychologische Konfliktsituation nun deutlicher und unmissverständlicher« herauszuarbeiten.[163]

Noch stärker als die Verratsthematik nahm das Thema Selbsttötung, das im Journalismus der DDR bis auf ganz wenige Ausnahmen nicht vorkam, einen wichtigen Platz in der Literatur ein. Zahlreiche Romane thematisierten Selbsttötungen. In gewisser Weise ergab sich daraus für die Künstler der DDR auch das Privileg, »schon mit vergleichsweise simplen Methoden grenzüberschreitend, also subversiv zu sein«. Wie der Schriftsteller Kurt Drawert kritisch feststellte, wurde die Literatur damit aufgewertet: »Wo Sprechverbot herrscht, haben die Worte ein höheres Eigengewicht als in einer Demokratie, in der kaum jemand zuhört.«[164]

Daher war es keineswegs außergewöhnlich, dass sich Romane und andere fiktive Texte, aber auch Filme und Theaterstücke mit Tabus befassten. Dies war eine »Nische«, die die SED für weniger konformistische und manchmal sogar provokante Ideen offenließ. Man sollte daher Übertretungen im Bereich der Literatur immer auch als Resultat dieser »Arbeitsteilung« im Kulturregime der DDR verstehen.

An dieser Stelle soll daran erinnert werden, dass es nicht nur in der DDR generell »zu den Aufgaben von Kunst und Literatur [gehörte], die Möglichkeiten von Tabuisieren, Umgehen sowie Tabubruch auszureizen, das eigentlich zu Meidende zu fokussieren, also das Tabu zu markieren, und es gerade so ins allgemeine Bewusstsein zu rücken«.[165] Zwar waren die Grenzen des Tabus in der DDR eng. Punktuelle Tabubrüche konnten im Großen und Ganzen nur die Oberfläche des Kerns ankratzen und blieben im Rahmen der herrschenden Ideologie. Aber

163 Barck, Antifa-Geschichte(n), S. 140.

164 Kurt Drawert, Der Text und die Freiheit des Textes, in: Zipser (Hg.), Fragebogen, S. 102–107, zit. 103.

165 Schröder, Phänomenologie und interkulturelle Aspekte, S. 311.

Bundesarchiv, Bild 183-N0102-415, Klaus Franke

Tabubrüche waren in der DDR oft ein Privileg für etablierte Schriftsteller. Hier Christa Wolf (Mitte), Günter Kunert (l.) und Heinz Knobloch auf dem Schriftstellerkongress der DDR 1973.

manchmal erwiesen sich die Grenzen des Tabu-Kerns auch als dehnbar, insbesondere im Bereich der Belletristik.

Dabei hing es auch von der jeweiligen politischen Situation und dem Prestige des Autors ab, wie groß die Handlungsspielräume waren. Etablierte Schriftsteller wie Günter Görlich und Sibylle Muthesius konnten populäre Bücher über Suizid veröffentlichen, und Autoren wie Christa Wolf, Volker Braun und Christoph Hein konnten dabei sogar politische Implikationen ansprechen. Diese Bücher bezogen einen Teil ihrer Popularität aus der Tatsache, dass sie ein Tabu berührten. Das war jedoch ein Privileg, das nicht allen gleichermaßen zuteilwurde. Der 1953 geborene Schriftsteller Salli Sallmann wurde 1974 wegen seiner kritischen Texte exmatrikuliert und 1977 wegen »staatsfeindlicher Hetze« verhaftet und in die Bundesrepublik abgeschoben. Sallmann zufolge war es »bittere Realität, dass [sich] anerkannte Autoren – wie etwa Volker Braun – in ihren Veröffentlichungen ein Maß kritischer Substanz erlauben konnten, für das auf niedrigerer Ebene, beispielsweise bei Lesungen von Nachwuchsautoren in Literaturclubs in der DDR-Provinz, bereits die Staatssicherheitsorgane in Aktion traten«.[166] Diese Ungleichbehandlung schilderte auch der Schriftsteller Uwe Saeger. Tabubrüche seien oft nur mit Rückendeckung durch führende Funktionäre möglich gewesen: »Mit einem stellvertretenden Kulturminister als Duzfreund oder einem hochgradigen Parteifunktionär als Drahtzieher ließ sich sehr wohl etwas durchsetzen, was ansonsten keine Chance gehabt hätte«.[167]

Ein Beispiel hierfür ist die durch den stellvertretenden Kulturminister Klaus Höpcke unterstützte Veröffentlichung von Werner Heiduczeks Roman »Tod am Meer« im Jahr 1977. Das Buch provozierte eine vernichtende Kritik des führenden SED-Literaturexperten Hans Koch, der hier die sozialistische Gesellschaft in Frage gestellt sah.[168] Heiduczek schilderte die Vergewaltigung einer jungen Frau durch sowjetische Soldaten, allerdings »eingeklammert« in zwei weitere Vergewaltigungsszenen, bei denen Deutsche die Täter waren. Außerdem folgte eine Szene, die nahelegte, dass die sowjetischen Vergewaltiger bestraft wurden.[169] Heiduczek relativierte somit die Verbrechen der Sowjetsoldaten, indem er Vergewaltigungen als Teil der »Normalität« des Krieges darstellte. Ein Tabubruch war es trotzdem. Dass der Roman an die Grenzen des Sagbaren

166 Salli Sallmann, Brief vom 4. Januar 1993, in: Zipser (Hg.), Fragebogen, S. 269–274, zit. 273.
167 Uwe Saeger, Brief vom 19. Dezember 1992, in: Zipser (Hg.), Fragebogen, S. 261–269, zit. 263.
168 Vgl. Werner Heiduczek, Die Schatten meiner Toten. Eine Autobiographie, Leipzig 2005, S. 287.
169 Vgl. Werner Heiduczek, Tod am Meer, Halle 1977, S. 75–80.

rührte, zeigte sich allein schon darin, dass der sowjetische Botschafter in der DDR wegen dieser Passagen bei Honecker persönlich gegen die Veröffentlichung des Buches protestierte. Heiduczek hatte »das Ungeheuerlichste an Tabuverletzung begangen in den Augen der Sowjets«, resümierte rückblickend Hermann Kant.[170] Die bereits in Umlauf gebrachte zweite Auflage wurde zurückgezogen, Heiduczek zu Änderungen aufgefordert, die er nicht akzeptierte, woraufhin das Buch als verboten galt.

Ein Nebeneffekt des Suizid-Tabus war übrigens, dass oft schon die bloße Erwähnung als Kritik an der DDR verstanden wurde. Es genügte, Andeutungen zu machen, um beim Publikum diesen Effekt zu erzielen. Ganz ähnlich war das auf Seiten der Staatsmacht. So lösten winzige Vorstöße in den Kernbereich von Tabus bei der Staatssicherheit Alarm aus. Im Jahr 1983 erwähnte ein Pfarrer bei einer »Bluesmesse« in Berlin eine steigende Zahl von Suiziden, ohne Einzelheiten zu erwähnen. Dies war provokativ genug, um als Tabubruch in den Akten der Geheimpolizei vermerkt zu werden.[171] Man musste also gar nicht so weit gehen wie Dissidenten, zum Beispiel Robert Havemann und Hermann von Berg, oder auch kritische Künstler wie Bettina Wegner. Diese hatten nicht nur die hohe Suizidrate der DDR erwähnt, sie hatten auch ihre Überzeugung geäußert, dass soziale und politische Faktoren sie verursacht haben müssen.[172]

Das politische Suizid-Tabu blieb dennoch intakt, bis 1990 wurden die Statistiken und alles, was damit verbunden war, streng geheim gehalten. Trotz eines umfangreichen medizinischen Diskurses, trotz einer Reihe veröffentlichter Romane und trotz aller Gerüchte und gelegentlicher provokativer Kommentare von Dissidenten blieben auch politische Ursachen von Suiziden während der gesamten Existenz der DDR ein Tabu.

---

170 Heiduczek, Schatten meiner Toten, S. 292.
171 Vgl. Grashoff, In einem Anfall, S. 337.
172 Vgl. ebd., S. 297f.

Auch der 17. Juni und der Verrat im kommunistischen Widerstand wurden nicht vollständig enttabuisiert. Und selbst beim Thema der Vertreibung fand in den letzten Jahren der DDR nur eine vorsichtige Enttabuisierung statt.

Dabei spielte die Entwicklung des Suizid-Tabus eine gewisse Sonderrolle, denn hier verschoben sich die Tabugrenzen mehrfach in die eine oder andere Richtung. Das Tabu durchlief mehrere Phasen von Lockerung und Verschärfung, trotzdem blieb der Tabukern während der gesamten Existenz der DDR weitgehend intakt.[173]

173 Vgl. Udo Grashoff, Kern und Peripherie. Zur Struktur politischer Tabus in der DDR. Das Suizidtabu als Beispiel, in: Jahrbuch für Historische Kommunismusforschung 2023, S. 239–255.

Diktaturspezifische Tabusprache?

Analog zur Mauer, welche die DDR gegen den Westen abgrenzte, verliefen auch im Innern des Landes, so der Historiker Thomas Lindenberger, zahlreiche »unsichtbare Grenzen, von denen dennoch jeder DDR-Bürger wusste, unabhängig von der eigenen sozialen Position. Sie waren keinesfalls einheitlich, eher diffus und allgegenwärtig, sie bildeten oftmals eher Grenzbereiche als präzise trennende Demarkationslinien.«[174] Oft war es die Diskrepanz zwischen dem, was nur im privaten Bereich gesagt werden durfte und nicht in der Öffentlichkeit, die erst die Wahrnehmung eines Themas als tabu bewirkte. Gab es das nur in Diktaturen wie der DDR? Die öffentliche Sphäre in Diktaturen war stark kontrolliert und in besonderem Ausmaß durch tabuisierte Themen gekennzeichnet, die das öffentliche Sprechen über politisch heikle Sachverhalte zu einem Wagnis machten. Manche Dinge durften überhaupt nicht angesprochen werden, andere nur in verzerrter und furchtsamer Weise. Das Tabu umfasste beides, Schweigen und Reden. All das ist charakteristisch für autoritäre oder gar totalitäre Regime, die eine vollständige Kontrolle des öffentlichen Lebens anstreben.

Aber natürlich gab und gibt es politische Tabus nicht nur in Diktaturen, auch in der Geschichte der Bundesrepublik finden sie sich. Ironischerweise war im Westen Deutschlands die DDR mit einem Sprachtabu belegt. Statt die Eigenbezeichnung des ostdeutschen Staates zu verwenden, musste man, vor allem in den 1950er- und 1960er-Jahren, im öffentlichen Diskurs der

174 Thomas Lindenberger, Die Diktatur der Grenzen. Zur Einleitung, in: Ders. (Hg.), Herrschaft und Eigen-Sinn in der Diktatur. Studien zur Gesellschaftsgeschichte der DDR, Köln 1999, S. 13–44, zit. 31.

Bundesrepublik aus politischen Gründen »Ostzone«, »Mitteldeutschland« oder »sogenannte DDR« sagen. In der konservativen Presse wurde die DDR bis in die 1980er-Jahre in Anführungszeichen gesetzt. Die Germanisten Hans Hannappel und Hartmut Melenk sahen darin »völkerrechtliche Wortmagie«.[175]

Anders als in Diktaturen waren solche Tabus aber davon abhängig, ob sie gesellschaftlich akzeptiert wurden oder nicht. Während die SED ein Tabu willkürlich verhängen und durchsetzen konnte, war das in der Bundesrepublik nicht so einfach möglich.

Aber auch in sprachlicher Hinsicht unterschieden sich politische Tabus in der Bundesrepublik von den Tabus der DDR darin, dass in der Bundesrepublik lediglich die sprachliche Form, nicht aber eine Tatsache an sich tabuisiert wurde. Niemand stellte in der Bundesrepublik die Existenz des anderen deutschen Staates in Frage, lediglich dessen Legitimität wurde angezweifelt. Das Beispiel verweist auf einen grundsätzlichen Unterschied: Tabukommunikation kann zwei unterschiedliche Funktionen haben. Sie kann das Ziel haben, Dinge auf indirekte Weise, vorsichtiger, höflicher zur Sprache zu bringen. Das kann durch Euphemismen und Umformulierungen geschehen. Solche Stilmittel verändern die sprachliche Form und können daher als »linguistische Modifikationen« oder ganz einfach als »Sprach-Tabu« bezeichnet werden. Es gibt aber auch Formen der Tabusprache, die auf eine Veränderung der Bedeutung hinauslaufen und Sachverhalte verdrehen oder leugnen. Diese können als »semantische Verschiebungen« oder »Sach-Tabu« bezeichnet werden.[176]

Diese Unterscheidung ist wichtig, wenn man danach fragt, was an der Tabusprache spezifisch für Diktaturen war, denn viele Stilmittel der Tabukommunikation lassen sich in pluralistischen westlichen Demokratien ebenso finden.

---

175 Hans Hannappel/Hartmut Melenk, Alltagssprache. Semantische Grundbegriffe und Analysebeispiel, München 1984, S. 252.

176 Vgl. Dietrich Hartmann, Sprache und Tabu heute. Zur Überprüfung eines ethnologischen Begriffs auf seinen Nutzen für die Ethnographie von Industriegesellschaften, in: Osnabrücker Beiträge zur Sprachtheorie 42 (1990), S. 137–154.

Das Sprechen über Tabus in westlichen Demokratien läuft allerdings hauptsächlich auf sprachliche Ver- und Gebote hinaus. Tabuthemen können hier kommuniziert werden, und die größte Herausforderung besteht darin, einen angemessenen, gesellschaftlich tolerierten Ausdruck dafür zu finden. Daher sind häufig als diskriminierend empfundene Äußerungen Gegenstand von Kontroversen. Teilweise wird auch die Erinnerung an traumatische Erlebnisse vermieden. Aber es gibt kaum verbotene Tatsachen.

In Diktaturen hingegen betreffen politische Tabus weniger den Wortlaut, dafür kommt es häufig zu einer regelrechten Verfälschung der Bedeutung. Man denke nur an Vaclav Havels berühmtes Diktum vom »Leben in der Lüge«.[177]

Hinzu kommt, dass die Unterschiede zwischen Diktatur und Demokratie sich nicht nur in der Peripherie, sondern auch im Kern zeigten. Oft waren es ziemlich einfache Fakten wie die Suizidstatistiken oder historische Ereignisse, die in freien Gesellschaften einfach zu recherchieren sind, die in der DDR nicht erwähnt werden durften. Das jahrelange Verschweigen führte bei manchen Sachverhalten dazu, dass sie aus dem öffentlichen Bewusstsein ausgelöscht wurden, wie zum Beispiel die Tatsache der hohen Selbsttötungsrate der DDR, der proletarische Protest des 17. Juni oder die kommunistischen V-Leute der Gestapo.

Hauptziel des Verschweigens heikler politischer Sachverhalte war es, das Dogma zu stärken. Es ging darum, die übernatürliche Kraft des ideologischen Dogmas zu erhöhen, was dem Regime Legitimität verleihen sollte.[178] Im Zentrum der vier hier untersuchten Tabuthemen stand jeweils ein Thema, eine sakrosankte Idee, ein »Mana« der DDR. Beim Thema des Verrats in kommunistischen Widerstandsgruppen war es der heldenhafte Antifaschismus, der makellos erscheinen sollte. Hinsichtlich der Selbsttötung war es der Glaube, dass es keinen

177 Vgl. Vaclav Havel, Versuch, in der Wahrheit zu leben, Reinbek bei Hamburg 1980.
178 Vgl. Hartmut Kraft, Die Lust am Tabubruch, Göttingen 2015, S. 39.

Grund gab, sich im Sozialismus das Leben zu nehmen, wo es vielmehr eine moralische Verpflichtung zum Weiterleben gab. In dem in der DDR allgegenwärtigen Satz des Romanhelden Pawel Kortschagin kam dies zum Ausdruck: »Das Wertvollste, was der Mensch besitzt, ist das Leben.«[179] Beim Thema der Vertreibung war es der Imperativ der Freundschaft zur Sowjetunion, die zur sieghaften und tugendhaften Weltmacht stilisiert wurde, sowie das gute Verhältnis zu den sozialistischen Bruderländern. Beim Volksaufstand des 17. Juni 1953 schließlich war es der Anspruch der SED, die Partei der Arbeiterklasse zu sein und deren Interessen zu vertreten.

179 Nikolai Ostrowski, Wie der Stahl gehärtet wurde, Leipzig 1964, S. 581.

Politische Tabus heute

»Eines Tages, dachte ich, werde ich sprechen können, ganz leicht und frei«, schrieb Christa Wolf in ihrer im Jahr 1990 publizierten Erzählung »Was bleibt«.[180] Die absolut freie Rede ist jedoch eine Illusion. Mit der deutschen Wiedervereinigung verschwanden politische Tabus nicht. »Offenbar leben wir in einer Gesellschaft, die im öffentlichen Diskurs Aufgeklärtheit für sich reklamiert, gleichzeitig durch rhetorische Strategien aber Unangenehmes und Tabuisiertes zudeckt«,[181] konstatierte der in Bochum lehrende Sprachwissenschaftler Dietrich Hartmann. In der pluralistischen Gesellschaft gibt es diverse Strategien, Tabus zur Sprache zu bringen. So gibt es eine affirmative, konservative Haltung, die Tabus durchsetzen und aufrechterhalten will. Ein Sonderfall ist die »Political Correctness«, hinter der die Überzeugung steht, dass sprachliche Formen das Denken beeinflussen. Hartmut Schröder sieht darin eine »Art moderner Wortmagie«.[182] Dem gegenüber steht eine kritische Haltung, die glaubt, dass im Sinne einer radikalen Aufklärung alle Tabus beseitigt werden müssen. Oder zumindest jene, die als »künstlich gemachte Produkte politischer Interessen« die menschliche Freiheit unnötig einschränken.[183] Eine dritte Strategie ist die der Instrumentalisierung von Tabubrüchen, die als Spektakel inszeniert werden, wobei die angebliche Übertretung bisweilen nur eine kalkulierte

180 Christa Wolf, Was bleibt, Berlin/Weimar 1990, S. 76.
181 Hartmann, Sprache und Tabu, S. 148.
182 Schröder, Phänomenologie und interkulturelle Aspekte, S. 300.
183 Raphael M. Bonelli, Tabu. Was wir nicht denken dürfen und warum, Wien 2025, S. 53.

Provokation ist.[184] Viertens finden sich in politischen Debatten oft Tabuvorwürfe an Gegner. Dabei zielt der Vorwurf der Tabuisierung auf die Weigerung ab, bestimmte Ansichten, Institutionen oder Traditionen in Frage zu stellen. Das Tabu erscheint hier mehr als Behauptung denn als Tatsache.

Was diesen und anderen Strategien im Umgang mit Tabus gemeinsam ist: Im Unterschied zur Tabukommunikation in Diktaturen ist das Brechen von Tabus in pluralistischen Gesellschaften eher Teil eines Spiels als eine mit Strafe bedrohte Ordnungsverletzung.[185] Dies soll nicht leugnen, dass die Missachtung von politischen Tabus auch in Demokratien zu digitaler Anprangerung per Shitstorm, sozialer Ächtung und auch zu handfesten Sanktionen führen kann.

Da jede Gesellschaft ihre Tabus hat, plädiert der Germanist Rudolf Hohberg für einen reflektierten Umgang damit: «Tabus sind nichts Sinnloses. Wir brauchen sie in unserem persönlichen, gesellschaftlichen und politischen Leben.«[186] Die Herausforderung bestehe darin, zu entscheiden, welche Tabus sinnvoll sind und welche nicht. Darüber gibt es verschiedene Ansichten, weshalb vermeintliche und tatsächliche Tabus auch künftig für Debatten sorgen werden.

---

184 Vgl. Alexander Grau, Unberührbar, unaussprechlich, unverschämt. Über die Erfindung des Tabubegriffs in der Mediengesellschaft, in: Klaus-Dieter Felsmann (Hg.), Mediale Tabubrüche vs. political correctness, München 2009, S. 27–35, hier 28.

185 Vgl. John E. Joseph, Language and Politics, Edinburgh 2006, S. 86–109.

186 Rudolf Hoberg, Der Neger, das Fräulein und der Schwule. Über Tabuisierungen und Enttabuisierungen in der deutschen Gegenwartssprache, in: Der Sprachdienst 63 (2019) 5–6, S. 210–220, zit. 220.

Literatur

Heike Amos, Die Vertriebenenpolitik der SED 1949 bis 1990, München 2009.

Udo Grashoff, »In einem Anfall von Depression...« Selbsttötungen in der DDR, Berlin 2006.

Udo Grashoff, Political Taboos in the German Democratic Republic, in: German History 39 (2021) 3, S. 442–463.

Richard Millington, The Limits of Control: The ›Public Discourse‹ about the Uprising of 17 June 1953 in Novels and Films in the German Democratic Republic, in: German History 31 (2013) 1, S. 42–60.

Bill Niven, On a supposed taboo: Flight and refugees from the east in GDR film and television, in: German Life and Letters 65 (2012) 2, S. 216–236.

Hartmut Schröder, Phänomenologie und interkulturelle Aspekte des Tabus, in: Tzveta Sofronieva (Hg.), Verbotene Worte. Eine Anthologie, München 2005, S. 287–315.

Michael Schwartz, Tabu und Erinnerung. Zur Vertriebenen-Problematik in Politik und literarischer Öffentlichkeit der DDR, in: ZfG 51 (2003) 1, S. 85–101.

Michael Schwartz, »Vom Umsiedler zum Staatsbürger«. Totalitäres und Subversives in der Sprachpolitik der DDR, in: Dierk Hoffmann (Hg.), Vertriebene in Deutschland. Interdisziplinäre Ergebnisse und Forschungsperspektiven, München 2000, S. 135–166.

Alina Laura Tiews, Fluchtpunkt Film. Integrationen von Flüchtlingen und Vertriebenen durch den deutschen Nachkriegsfilm 1945–1990, Berlin 2017.

Richard Zipser (Hg.), Fragebogen: Zensur. Zur Literatur vor und nach dem Ende der DDR, Leipzig 1995.